Caroline Jaberg

Winzig klein
und riesengroß

Mitmachgeschichten für kleine Kinder

HERDER

FREIBURG · BASEL · WIEN

Inhalt

Mitmachgeschichten für kleine Kinder

Dieses Buch wendet sich an Eltern, Tagesmütter, Erzieherinnen, Pädagoginnen, Spielgruppenleiterinnen – kurz an alle, die bereits mit kleinen Kindern im Alter bis 3 Jahre zu tun haben oder dies zukünftig anstreben. Um alle hier möglichen Leserinnen und Leser anzusprechen, wird nachfolgend immer von der „Bezugsperson" die Rede sein.

Die kindliche Entwicklung mit Geschichten begleiten

Geschichten sind eine wunderbare Möglichkeit, um mit Kindern in Kontakt zu kommen. Allerdings ist eine echte innere Beteiligung unverzichtbar, man muss die Geschichten regelrecht vorleben, damit sie ihre Wirkung entfalten können. In diesem Sinne lässt sich auch das Zitat des bekannten Bildungsforschers und -politikers Karl Wilhelm Freiherr von Humboldt verstehen: „Viele, die bei Kindern sind, tun ihre Pflicht, aber das Herz ist nicht dabei. Das merkt das Kind." Die Mitmachgeschichten in diesem Buch sollen Ihnen helfen, dem Kind nahe zu kommen und mit dem „Herz dabei zu sein". Mit wenig Material, mit lebendiger Mimik und Gestik können Sie mit dem Kind viele kleine Ausflüge und Reisen in Alltag und Phantasie unternehmen. Mitmachgeschichten trösten, vertreiben die Langeweile, bringen Spaß und sind zudem lehrreich. Das Kind gewinnt damit einen Zugang zu seiner Lebenswelt und entwickelt ein Verständnis für die Rhythmen des Alltags. Das Spiel mit der Stimme, mit Wörtern und Sätzen fördert einen lebhaften Austausch über das Gehörte und das Gespielte. Mitmachgeschichten vertiefen die Bindung zwischen Kind und Bezugsperson.

Die Entwicklung in den drei ersten Lebensjahren verläuft rasant und spektakulär: Vom Neugeborenen, das sich mit Weinen und vorsprachlichen Lauten verständigt, über das vor sich hin plappernde Kleinstkind bis zum erste Fragen stellenden, ansatzweise diskutierenden und Emotionen modulierenden Kleinkind. Vom umfassend auf Fürsorge angewiesenen, liegenden Neugeborenen zum laufenden, hüpfenden, kletternden Dreijährigen. Damit diese Entwicklung zustande kommt, bedarf es einer Vielfalt von anregenden Situationen. Mit Geschichten und vielen anderen Anregungen können Sie als Bezugsperson das Kind begleiten und es ihm so ermöglichen, sich und seine Mitwelt begreifen zu lernen, sich darin zurecht zu finden, mit sich und anderen klar zu kommen, zu kommunizieren, kreativ zu sein und sich körperlich harmonisch zu entwickeln.

Wie dieses Buch aufgebaut ist

Jedes Kapitel setzt sich aus kurzen Theorieteilen, Praxisbeispielen und Spiel- und Bewegungsgeschichten zusammen. Praxisbeispiele und Geschichten, in einem Theorierahmen eingebettet, liefern Ihnen nützliche Impulse, um das Kind einfühlend und liebevoll zu begleiten.

Welchen Wert haben die Spiel- und Bewegungsgeschichten?

- Die Mitmachgeschichten für kleine Kinder sind unterhaltsam, kommunikativ, motivierend und vielfältig.
- Sie sind praktisch, da sie ohne teures Material, an vielen Orten und zu vielen Tageszeiten durchgeführt werden können.
- Die Mitmachgeschichten fördern das Kind ganzheitlich und spielerisch in seiner körperlichen Entwicklung, in seiner Grob- und Feinmotorik.
- Kreativität und Fantasie werden ebenso gefördert wie die kognitive Entwicklung und das Gedächtnis.
- Die Mitmachgeschichten fördern das Kind auf einfache Art in seinem Verständnis für den Tagesablauf.
- Die Mitmachgeschichten fördern ganz besonders den Spracherwerb: Sie lassen das Kind eine sprachlich reiche Welt entdecken, sie bieten Anknüpfpunkte, um mit dem Kind über Gehörtes und Gespieltes zu sprechen.
- Die Sprache ist einfach, damit die Mitmachgeschichten für kleine Kinder leicht verständlich sind. Ab und zu tauchen neue Wörter auf, die das Kind anspornen, neugierig machen und die Fantasie anregen.
- Das Kind wird direkt angesprochen und darf auch selbst sprechen, wichtige Voraussetzungen fürs Lernen.
- Dadurch dass das Kind nicht nur Worte hört, sondern sich dazu auch bewegt, seine Sinne benutzt und seine Gefühle angesprochen werden, kann es Assoziationen herstellen und Begriffe leichter verstehen und sich einprägen.
- Die Mitmachgeschichten fördern das Kind auf vergnüglicher Art in seiner spielerischen Entwicklung. Spiel und Geschichte verknüpfen sich, geben Anregungen für weitere Spiele und Geschichten.
- Sie unterstützen die soziale Entwicklung, da die Spiele zu zweit durchgeführt werden und wie kleine Theaterstücke oder Rollenspiele von Menschen, Tieren, kurz vom Leben handeln.

- Sie fördern die Bindung zwischen Bezugsperson und Kind.
- Sie fördern das Kind spielerisch in seiner emotionalen Entwicklung. Sie helfen ihm, Zugang zu Emotionen und Gefühlen zu finden, sie besser zu verstehen und nach und nach auszudrücken.
- Sie können entspannend oder anregend sein.
- Sie sind kurz, weil die Konzentrationsspanne im Kleinkindalter kurz ist. Kinder können so voll bei der Sache sein und kennen die Geschichten schon bald auswendig.
- Sie bieten eine reichhaltige Mischung aus Neuem und Bekanntem, vielen verschiedenen Situationen und können zum Teil in der Gruppe ausgeführt werden.
- Sie geben Impulse: Impulse für die Kommunikation zwischen Bezugspersonen und Kind, Anregungen zum Erfinden von eigenen Geschichten.

Worauf Sie beim Inszenieren der Mitmachgeschichten achten sollten:

- Langsam und deutlich sprechen in angemessener Lautstärke ohne störende Hintergrundgeräusche.
- Auf die Altersangaben achten. Dabei nicht vergessen, was Sie vom Kind wissen: Was es schon kann? Welchen Schritt es bereit ist zu erlernen? Was ihm Spaß und Freude bereitet? Kinder entwickeln sich unterschiedlich und individuell, was das eine mit 6 Monaten begeistert, steht mit 15 Monaten auf dem Interessenplan des anderen.
- Die Geschichten dann ausführen, wenn Sie dazu bereit sind – wenn Sie Zeit und Lust haben, sich geduldig und aufgeschlossen fühlen.
- Die Geschichten wie ein kleines Theater in Szene setzen – auf Mimik und Gestik achten, auf die Körperhaltung, auf Sprache und Tonfall etc.
- Wann immer möglich den Text auswendig beherrschen oder zumindest vom Lesen losgelöst sein. „Kleben" Sie zu sehr am Text, wirkt er nicht lebendig genug und Sie haben keine Zeit, das Kind zum Mitmachen zu animieren.
- Verschiedene Personen im Text mit unterschiedlichen Stimmen sprechen.
- Eigene Begeisterung zeigen.
- Das Kind einfühlsam begleiten, offen und akzeptierend.
- Das Kind motivieren, sein Interesse wecken.
- Den Blickkontakt halten.
- Eine Bezugsperson pro Geschichte: Da Kinder in den ersten 3 Jahren noch sehr auf sich konzentriert sind, klappt das Zusammenspiel mit lediglich einem Erwachsenen in der Regel am besten. Wenn eine Hilfsperson nötig ist, sollte sie sich im Hintergrund halten.

Was Sie nicht nur beim Geschichtenerzählen beachten sollten

1. Stimulieren Sie das Kind angemessen, ohne es zu über- oder zu unterfordern.
2. Machen Sie es vor: Seien Sie ein Vorbild.
3. Machen Sie es oft: Wiederholung führt zum Ziel. Kleine Kinder lieben Wiederholungen, sie geben ihnen Sicherheit. Sie freuen sich, weil sie die Handlung vorhersagen können. Sie können so die Zusammenhänge immer und immer wieder untersuchen.
4. Lassen Sie das Kind ausprobieren, herumwerkeln, nachspielen. Nehmen Sie ihm nicht alle Hürden.
5. Vergessen Sie nie das Loben (ehrliches, kurzes, konkretes Loben): Das hast du gut/toll/prima gemacht! Das spornt Kinder regelrecht an und gibt ihnen Selbstvertrauen. Aber nicht: Das ging so, ist schon ganz gut, ist nicht schlecht …
6. Wenn dem Kind etwas mal nicht so gut gelungen ist, heben Sie trotzdem das Positive hervor: Du hast es gut versucht! Morgen gelingt es dir! Versuch es noch einmal! Du könntest es mal so versuchen!
7. Vertrauen Sie Ihrem Gefühl. Beobachten Sie das Kind. Seien Sie einfühlsam. Versetzen Sie sich in die Lage des Kindes. Sprechen Sie mit ihm. Akzeptieren Sie das Kind, wie es ist.
8. Nehmen Sie sich Zeit für das Kind, Sie spielen eine große Rolle in seiner Entwicklung. Sich mit dem Kind zu beschäftigen, stärkt Ihre Bindung.

„Ich habe Arme, Beine, Kopf und Rumpf!"

Wie und wann lernt ein Kind greifen, stehen, gehen? Welche Rolle spielen dabei die Bezugspersonen? Wie können Sie das Kind in seiner körperlichen Entwicklung liebevoll unterstützend begleiten? Darauf bezieht sich das erste Praxis-Kapitel.

Förderschwerpunkt Motorik

Motorik ist der Sammelbegriff für alle Bewegungsabläufe des Körpers, z. B. das Greifen, Kriechen, Gehen oder Stehen, aber auch die Hand-Finger-Bewegungen, die Fuß-Zehen-Bewegungen oder die Augen- und Gesichtsbewegungen. Alle Kleinkinder erwerben die Grundmotorik in der gleichen Reihenfolge, allerdings im je eigenen Tempo: zuerst gewinnen sie die Kontrolle über Kopf und Brust, dann über Arme, Hände und Finger, über den restlichen Rumpf und zuletzt über die Beine und Füße.

Grob- und Feinmotorik – Grundmotorik

- Grobmotorik: z. B. die Glieder bewegen, den Kopf heben und rollen, sich setzen, die Fortbewegung
- Feinmotorik: z. B. Fingergeschicklichkeit, Auge-Hand-Koordination, Mimik, Gestik
- Grundmotorik: Grob- und Feinmotorik fasst man häufig unter diesem Begriff zusammen. Auf ihr basieren komplexe Fertigkeiten wie Lesen, Schreiben oder das Spielen eines Instruments.

Die folgenden Altersangaben sind keine fixen Daten, sie sind lediglich Anhaltspunkte und zeigen, in welchem Zeitraum welche Schritte auftauchen können. Die motorische Entwicklung findet durch ein Zusammenspiel von Reifungs- und Lernprozessen statt und steht in enger Verbindung mit der geistigen, wahrnehmungsbezogenen, sozialen, emotionalen und sprachlichen Entwicklung. Wichtig ist nicht, wann ein Kind etwas lernt, sondern dass seine Entwicklung kontinuierlich ist. Manche Babys überspringen z. B. die Phase des Krabbelns und gehen gleich zum Stehen und Gehen über. Spezialisten sind sich darin uneinig, ob dies auf das Kind einen Einfluss hat.

Kinder lernen von alleine zu greifen, zu stehen, zu laufen und zu springen. Es beschleunigt keineswegs die Entwicklung, sie zu ziehen oder sonst wie anzutreiben, sondern ist im Gegenteil schädigend und ängstigend. Sie können dem Kind aber helfen, sich harmonisch zu entfalten, indem Sie ihm viele verschiedene anregende Situationen schaffen. Die nachfolgenden Praxisbeispiele und Mitmachgeschichten liefern Tipps und Anregungen, wie Sie das Kind in seiner körperlichen Entwicklung liebevoll begleiten können.

Geschichten und Spielvorschläge zur Motorik

0 bis 3 Monate

Ich bin wenige Minuten alt. Soeben habe ich den Eintritt in die kalte, laute, luftige Welt mit Bravour gemeistert, sagt eine Frau, die ganz in Weiß gekleidet ist. Nun liege ich auf Mamas Bauch und ziehe mich reflexartig langsam, aber zielsicher hoch. Zu meiner ersten Mahlzeit. Perfekt öffne ich mein Mündchen und sauge. Mein Köpfchen liegt auf Mamas Brust. Ich schaue meine Mama lange forschend an. Mama spricht leise zu mir, ich kenne diese Stimme. Ich fühle mich geborgen. Warm eingepackt, Haut gegen Haut, eingekugelt wie im Bauch, satt schlafe ich ein.

In den ersten Lebensmonaten hat ein Kind noch kein Ich-Bewusstsein, es kann nicht zwischen sich und seiner Mutter unterscheiden, kann auch noch nicht Gefühle wie Hunger oder Kälte eindeutig identifizieren. Streng genommen müssten die vorangegangene Tagebuch-Notiz und weitere sprachlich ganz anders abgefasst sein. Damit Sie sich aber besser in die kindliche Perspektive hineinversetzen können, lassen wir diese Einschränkung hier außer acht. Bei seiner Geburt und in den ersten Tagen weist das Kind aber schon Reflexe auf (Sinnesimpulse, die immer die gleiche motorische Antwort haben), wie etwa ein erstes Greifen (die Finger schließen sich unwillkürlich zu einer Faust, wenn man die Handfläche oder auch die Fußfläche eines Neugeborenen berührt), Schreiten (wenn das Neugeborene so gehalten wird, dass seine Fußsohlen eine Unterlage berühren, macht es automatisch Gehbewegungen) oder Kriechen. Diese Reflexe faszinieren nicht nur, sie bilden auch Hinweise auf die Gesundheit des Kindes. Sobald sich das Gehirn stärker entwickelt hat, bilden sich die Reflexe zurück und das eigentliche Greifen, Kriechen und Schreiten kann sich ausbilden.

Noch gestern lag ich mit Vorliebe in der fötalen Lage, nun habe ich entdeckt, dass ich mich strecken und dehnen kann. Wenn ich auf dem Rücken liege, kann ich meinen Kopf schon ein wenig drehen und auf dem Bauch schaffe ich es, ihn zu heben. Da hat die Mama „Bravo" gerufen. Ich habe es immer und immer wieder gemacht, bis es nun schon ganz gut klappt. Mama sagt, ich sei unermüdlich. Sie sagt auch, dass ich es bald schaffen werde, mich auf den Ellenbogen oder den Händen aufzustützen.

Neugeborene halten ihre Hände die meiste Zeit zu Fäusten geschlossen und wenn sie erschrecken, spreizen sie die Finger sternförmig. Nachdem die Kopfhaltung ausgereifter ist, gewinnen Babys einen neuen Überblick über die Welt und entdecken zum Beispiel ihre Hände, die sie immer öfter geöffnet halten. Fingerspiele faszinieren sie. Wenn Babys in diesem Alter eine Rassel in die Hände gelegt wird, schütteln sie das Spielzeug. Sie beginnen mit den Armen und Füssen zu strampeln. Mit den Augen folgen sie einem Gegenstand. Sie können mit einer Bezugsperson erste Bewegungsspiele genießen.

Praxisbeispiele

- *Erste Bewegungsspiele:* Das Baby liegt auf dem Rücken. An den Händen sanft von der Rückenposition in die Sitzlage ziehen.
- *Erste Formen der Mimik:* Strecken Sie die Zunge raus. Das Baby wird dies voraussichtlich nachmachen.
- *Augenkoordination:* Dem Baby große schwarz-weiße oder rot-weiße Muster (einfache, stilisierte Gesichtsform, großes Schachbrettmuster, große Kreise) zeigen. Solche Muster schauen sich Babys sehr gerne an, sie fördern die Augenkoordination.
- *Erste Fingerspiele:* Bewegen Sie einzelne Finger oder die ganze Hand vor dem Gesicht des Kindes und sprechen Sie dabei leise (z. B. „Oh, schau mal, wie schön das ist!", „Das sieht ja wie ein Hund aus ..." etc.) oder singen Sie etwas vor.

Wo ist deine Nase?

Eine Spielgeschichte rund um die Körperteile
Ab 3 Monate

Spiele wie „Wo ist deine Nase?" faszinieren kleine Kinder oft viele Monate lang.

Das brauchen Sie: eventuell ein Milchfläschchen

Räumliche Umgebung: Einen gemütlichen Ort, am besten ein Bett oder eine Matratze. Legen Sie sich dem Kind gegenüber, so dass das Gesicht des Kindes etwa 20-30 cm von dem Ihrem entfernt ist.

Diese Geschichte vermittelt: Körperbewusstsein, Körperentwicklung, Spaß an ersten interaktiven Spielen

Erzähltext	Regieanweisungen
Wo ist deine Nase?	Machen Sie ein fragendes Gesicht. Ziehen Sie die Schultern hoch. Tun sie das bei jeder Frage.
Da ist sie.	Zeigen Sie auf die Nase des Kindes. Berühren (reiben, leicht zupfen, etc.) Sie dabei das Näschen.
Wo sind deine Augen?	
Da sind sie.	Zeigen Sie auf beide Augen des Kindes. Berühren Sie leicht die Augen.
Da ist das eine Auge.	Berühren Sie leicht das eine Auge.
Und da das andere Auge.	Berühren Sie leicht das andere Auge.
Wo sind deine Ohren?	
Da sind sie.	Die Ohren gleichzeitig sanft zupfen und leicht massieren.
Das ist das eine Ohr.	Das eine Ohr sanft berühren und streicheln.
Und das das andere Ohr.	Das andere Ohr sanft berühren und streicheln.
Wo sind deine Hände?	
Da sind sie.	Nehmen Sie beide Hände des Kindes und führen Sie diese sanft vor die Augen des Kindes, damit es sie gut sehen kann. Lassen Sie es seine Hände befühlen und in den Mund nehmen.
Das ist die eine Hand.	Nehmen Sie die eine Hand des Kindes. Massieren Sie diese sanft. Führen Sie diese dann sanft zu Ihrem Gesicht.

Das ist die andere Hand.
Wo sind deine Füße?
Da sind sie.
Da ist der eine Fuß.
Und da der andere Fuß.
Wo ist dein Mund?
Da ist er.

Mit dem Mund kannst du
Milch trinken

Tun sie das Gleiche mit der anderen Hand.

Tun Sie mit den Füßen das Gleiche wie vorher mit den Händen. Achten Sie darauf, vorher die Söckchen auszuziehen, damit das Kind mit der Haut fühlen kann.

Berühren Sie den Mund des Kindes. Bei sehr jungen Kindern, lösen Sie vielleicht noch die Reflexe aus. Geben Sie dem Kind etwas zu trinken (Brust bzw. Flasche).

Varianten:

• Führen Sie die Hand des Babys, damit es seinen Körper selbst ertastet. Damit lernt es zwischen Ihrer Hand und seiner eigenen zu unterscheiden.
• Fügen Sie jedes Mal nach „Wo ist DEINE Nase?" und der Antwort noch die folgende Frage „Wo ist MEINE Nase?" hinzu. Auch so lernt das Kind sich von anderen zu unterscheiden.

3 bis 9 Monate

Heute machte ich eine seltsame, aber schöne Erfahrung. Als ich mich aus der Bauchlage heraus aufstemmte, rollte ich plötzlich auf den Rücken. Erstaunt blieb ich so liegen. Dann begann ich zu strampeln, mich zu beugen und zu strecken und kriegte schließlich etwas Seltsames zu fassen. Einen Fuß. Ich schaute ihn an, ertastete ihn und steckte den großen Zeh in den Mund. Ein lustiges Spielzeug.

Wenn Babys das Greifen erlernen, tun sie das zuerst mit beiden Händen, später nur mit einer, schließlich benutzen sie differenziert die Finger. So können sie Gegenstände selbstständig erforschen, drehen und zum Untersuchen in den Mund stecken. Sie benutzen Hände, Augen und Mund, um Dinge, die Umwelt und den eigenen Körper zu erforschen. Das ist die Zeit, wo man mit Spielen rund um den Körper beginnen kann.

Praxisbeispiele:
- *Baby-Trampolin (ab etwa 6 Monaten):* Kind unter den Achselhöhlen halten. Baby hüpft wie auf einem Trampolin auf und ab. Es trainiert so seine Beinmuskulatur und bereitet sich auf das Stehen und Gehen vor.
- *Vorwärts:* Wenn das Baby erste Anzeichen macht zu robben, einen Gegenstand etwa 10-20 Zentimeter vor das Kind legen, und es ermuntern diesen zu holen.

Wenn Babys selbstständig sitzen und sich in der Bauchlage aufstemmen können, beginnen sie bald einmal sich im Kreis zu drehen, sich rutschend vorwärts zu ziehen und krabbelnd fortzubewegen.

Wenn ich mich festhalte, kann ich stehen. Ich kann mich alleine hinsetzen und bis zu den Knien an Möbeln hochziehen. Ich beherrsche etwas Einzigartiges, den Pinzettengriff – ich benutze Daumen und Zeigefinger, um etwas zu fassen – Mama sagt, das können nur wir Menschen. Loslassen ist zwar noch schwierig, aber ich kann Gegenstände von einer Hand in die andere geben. Manchmal fallen die Dinge, die ich halte, runter, wenn ich die andere Hand öffne, aber nicht mehr so oft wie früher. Wenn Gegenstände auf den Boden fallen, verfolge ich ihren Fall oder suche sie auf dem Boden. Dinge fallen zu lassen ist ein lustiges Spiel.

Zwischen 3 und 9 Monaten erweitert sich der Aktionsradius von Babys dramatisch. Für Bezugspersonen wird nun die Sicherheit zum neuen Thema.

Das große Fußballspiel
Eine Spielgeschichte rund um Bälle und Füße
Ab 6 Monate

Das Kind nimmt an seinem ersten Fußballspiel teil.
Das brauchen Sie: einen aufblasbaren Strandball
Räumliche Umgebung: einen großen Raum (Wohnzimmer)
Diese Geschichte vermittelt: Körperbewusstsein, Körperentwicklung, Spaß an ersten interaktiven Ballspielen

Erzähltext

*(Name des Kindes)
übernimmt den Ball.*

*(Name des Kindes) kickt den Ball über
das Feld.*
*(Name des Kindes) kickt den Ball immer
schneller. Kein anderer Spieler kann
ihm/ihr den Ball abnehmen …*
… und Tor!

Regieanweisungen

Knien oder setzen Sie sich auf den
Boden, das Kind sitzt auf ihren Knien.
Ein Strandball befindet sich vor dem
Kind. Das Kind strampelt und kann den
Ball so (ab und zu) kicken.
Motivieren Sie das Kind, den Ball zu
kicken.
Kind kickt den Ball.

Wenn das Kind den Ball
besonders weit und stark kickt.

Varianten (Sporttag ab 18 Monaten):

Baby Fußball: Mit einem großen, weichen Ball kicken.
Baby Basketball: Einen Waschkorb aufstellen. Dem Kind einen Ball geben und zei-
gen, wie es ihn in den Korb werfen kann. Wenn es gut klappt, kann der Korb ein
wenig höher gelegt werden.
Baby-Volleyball: Einander Luftballons zuwerfen.
Baby-Golf: Bälle mit Kartonrollen (z. B. von Küchenpapierrollen) vorwärtsbewegen.
Baby Bowling: Neun Kartonrollen aufstellen. Mit einem großen, weichen Ball versucht das Kind die Rollen umzuwerfen.
Turnstunde: Kissen oder eine Matratze auf eine rutschfeste Unterlage legen. Rollen, Pur-
zelbaum etc. üben. Kind liegt auf dem Rücken, stemmt die Füße gegen eine Bezugsperson.
Hindernislauf: Möbel und Gegenstände so auslegen, dass das Kind darüber klettern
und unten durchgehen kann, über das Sofa, im Kreis um einen Spielzeughaufen und
wieder zurück etc.

Alle meine Finger feiern ein Fest

Eine Spielgeschichte rund um Finger und Verse
Ab 9 Monate

Alle meine Finger ist ein lustiges Fingertheater, bei dem die Kinder zugucken und
später auch selbst mitmachen können. Es bringt Kinder zum Lachen und lässt sie

den Spaß an Fingerspielen entdecken. Auch wenn die Sprache zum Teil Nonsens ist und auch Wörter enthält, die ein Kleinkind nicht unbedingt kennt, so hören kleine Kinder gerne der rhythmischen Sprache zu.

Das brauchen Sie: eventuell einige Fingerpuppen

Räumliche Umgebung: Kann überall stattfinden. Setzen Sie sich ihrem Kind gegenüber, so dass sie sich gut sehen und berühren können.

Diese Geschichte vermittelt: Körperbewusstsein, Körperentwicklung, Spaß an ersten interaktiven Spielen und an ersten Fingerspielen, Entwicklung der sozialen Fähigkeiten, Gedächtnistraining, Spaß an Geschichten, Theater und rhythmischer Sprache

Selber Handschuh- oder Fingerpuppen gestalten

Einige Teile der Gestaltung können Kinder ab 24 Monaten schon übernehmen.

Handschuhpuppe: An jeden Finger eines alten Handschuhs ein Gesicht aufmalen, mit dem Sie das nachfolgende Fingerspiel umsetzen können. Onkel Klaus (Daumen): Haare aufnähen (Fäden gekrauster Wolle zur Hälfte durch die Kuppe des Handschuhs ziehen, verknoten). Kuno Kloß, der Elefant (Zeigefinger) bekommt am Fingerknöchel zwei Elefantenaugen, der Finger selbst ist der Rüssel. Der Kakadu (Mittelfinger) erhält einen Vogelschnabel (aus Papier zu einem spitzen Kegel gerollt und mit Gummi oder Klebeband am aufrecht stehenden Finger befestigen) und einige kleine Federn. Bei Kurt, der Kröte (Ringfinger) wird ein Krötengesicht aufgemalt mit großen Augen und einigen Warzen. Peterle Meier (Kleiner Finger) bekommt Sommersprossen und ein lachendes Gesicht.

Lustige Fingerpuppen aus Filz (Variante): Fingerbreite und -länge des Kindes und/oder der Bezugsperson plus ½ cm (für die Naht) aus doppelt gelegtem Filz ausschneiden. Nähen, unten offen lassen. Wenden. Nun können die Fingerpuppen verziert werden. Rabe: schwarzen Filz, zwei schwarze Flügel, gelben Schnabel, Kulleraugen aufkleben. Frosch: grünen Filz, große Kulleraugen und breiten gelben Mund aufkleben. Schmetterling: z. B. rosa Filz, große Flügel und aus Pfeifenputzer kleine Fühler aufkleben. Feenprinzessin: weißen Filz, Glitzerperlen, goldene Flügel und kleine goldene Krone aus Filz aufkleben.

2.

Erzähltext	Regieanweisung
Das hier ist Onkel Klaus.	Daumen hochhalten und hin und her bewegen.
Er geht in ein Gasthaus.	Spielen Sie mit dem Daumen eine schwerfällige Gangart.
Dort sieht er auch den Elefanten Kuno Kloß.	Halten Sie eine Hand vor ihre Nase und mimen Sie den Rüssel des Elefanten.
„Oh, ist der riesengroß!"	Stellen Sie „so groß" dar (beide Hände hoch über den Kopf halten und sich aufstrecken).
Da kommt Oskar Mütze,	Den Zeigefinger hochhalten und hin und her bewegen.
springt einfach in die Pfütze!	Mit dem Zeigefinger einen springenden, hüpfenden Buben mimen.
Nun schreit die kleine Amelie.	Die Hände so halten, als ob sie ein Baby wiegen würden. Arme hin und her bewegen.
„Komm, wir streicheln sie!"	Mit einer Hand sanft den Arm streicheln.
Da freut sich auch das Känguru.	Die Hand rauf und runter hüpfen lassen.
Alle sind nun gut gelaunt;	Ein lachendes Gesicht machen und sich den
und die Amelie, die staunt.	Bauch halten.
Kurt, die Kröte mit dem dicken Bauch,	Den Ringfinger hochhalten und hin und her bewegen, Bauch pantomimisch darstellen.
klettert auf den Rosenstrauch,	Mit den Fingern jemanden zeigen, der klettert. Finger krabbeln in der Luft hoch.
spielt dort wunderschön auf seiner Flöte	So tun, als ob man eine Flöte halten würde. Das Spielen auf einer Flöte pantomimisch darstellen und dazu pfeifen.
„Was für eine lustige Feier!",	Den kleinen Finger hochhalten und hin und
ruft fröhlich Peterle Meier.	her bewegen.
Er probiert noch schnell den Erdbeerreis, dann schleckt er ein Zitroneneis.	Essen und Eisschlecken darstellen.
„Oh, ist das kalt so eisekalt!"	Kalt spielen.
Doch vorbei ist bald die Sause.	Die ganze Hand hochhalten und mit einer Marionette hin und her drehen.
Alle müssen nun nach Hause.	Mit der Hand die Gruppe präsentieren, die nach Hause geht.

Nun stehen beieinander
Onkel Klaus, Kuno Kloß,
Oskar Mütze, Kurt, die Kröte
und Peterle Meier.

„Oh, wie schön die Feier war!"

Bei Onkel Klaus den Daumen hochhalten, bei Kuno Kloß den Zeigefinger etc.
Finger so halten, dass sich die Familienmitglieder gegenseitig angucken.
Und alle umarmen sich (Daumen gegen Zeigefinger, Mittelfinger, Ringfinger und kleiner Finger) und geben sich ein Küsschen (Küsschen geben darstellen).

Fünf kleine Mäuse
Eine Spielgeschichte rund um Bauch und Finger
Ab 9 Monate

Das brauchen Sie: eventuell fünf Mäusefingerpuppen
Räumliche Umgebung: Kann überall stattfinden. Setzen Sie sich ihrem Kind gegenüber, so dass sie sich gut sehen und berühren können.
Diese Geschichte vermittelt: Körperbewusstsein, Körperentwicklung, Spaß an ersten interaktiven Spielen und an ersten Fingerspielen, Entwicklung der sozialen Fähigkeiten, Gedächtnistraining, Spaß an Geschichten, Theater und rhythmischer Sprache

Erzähltext
Fünf kleine Mäuse gehen
spazieren.
Fünf kleine Mäuse marschieren
ganz schwer.
Fünf kleine Mäuse trippeln
ganz leicht.
Fünf kleine Mäuse sind ganz müde.
Gehen schnell nach Hause und
legen sich ins Bett.

Regieanweisung
Im Kreis auf dem Bauch des Babys mit den Fingern „gehen".

Mit den Fingern schwerfällig gehen.

Mit den Fingern ganz sanft gehen.
Finger werden immer langsamer.

Finger legen sich hin. Leise schnarchen, um das Schlafen zu imitieren.

9 bis 18 Monate

Praxisbeispiele:

- *Daumenfingerspiel:* Daumen als Clown schminken (große Augen, lachender Clownmund). Daumen in der Faust verstecken. Dem Kind die geschlossene Hand zeigen: „Schau mal, da ist was versteckt. – Sollen wir rufen? Komm heraus, komm heraus. Kuckuck, da bin ich." (dabei mit dem Clown-Daumen hervorkommen)
- *Ball zurollen:* Sie setzen sich dem Kind ganz nah gegenüber und rollen einen Ball hin und her.

Zwischen dem neunten und achtzehnten Monat geht die Entwicklung rasant weiter. Körperlich geht es vom „auf den Beinen stehen" bis zum Laufen, vom Gegenstände halten, bis zum gezielten Loslassen und Werfen, vom mühsamen Klettern bis zum Treppenlaufen, vom Gegenstände greifen bis zum einfachen Klötzchenturmbauen.

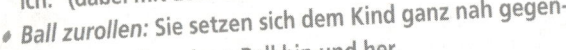

Vor ein paar Wochen habe ich etwas Faszinierendes entdeckt: ich kann mich an den Möbeln entlang vorwärts bewegen. Heute gelang mir der große Durchbruch: die ersten selbstständigen Schritte. Völlig überrascht plumpste ich erstmal auf den Hintern und schaute meine Eltern fragend an. Mama und Papa lachten und klatschten: „Bravo, das hast du gut gemacht!" Ich strahlte, ich bin stolz auf meinen Erfolg.

Vielleicht kommt es Ihnen manchmal so vor, als würden Kinder eine Zeitlang keine Fortschritte mehr machen. Die Entwicklung ist jedoch in diesem Alter so breit gestreut – körperliche Entwicklung, Wahrnehmung, Sinne, Sprache bis hin zur emotionalen Entwicklung und der Entdeckung des eigenen Ichs – dass die Kinder ganz einfach viel Zeit brauchen, um Neues zu entwickeln, zu verfeinern und zu erlernen.

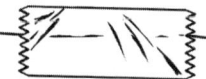

Praxisbeispiele:
(ab 12 Monaten)
* *Kartonturm:* Schachteln auftürmen fördert Fein- und Grobmotorik.
* *Bälle sammeln:* Ein Eimer pro Kind. Viele Unihockeybälle auf den Boden kullern lassen. Kinder haben meist sehr viel Spaß beim Einsammeln.
Unihockeybälle sind die Bälle mit den Löchern, die für das Hallenhockey benutzt werden. Diese Bälle sind für kleine Hände sehr praktisch, weil man die Finger in die Löcher schieben kann und so einen besseren Halt erzielt.

In der ersten Zeit des Gehens muss sich das Kleinkind stark konzentrieren und kann dabei nichts anderes machen. Es muss sich zum Beispiel erst hinsetzen, um ein Spielzeug zu ergreifen oder Mama zuzuhören. Es läuft noch recht unkontrolliert, fällt oft hin, zieht sich dann an einer Hilfe wieder hoch, kann nicht bremsen und hat auch Mühe zielgerichtet zu gehen.

Meine neue Lieblingsbeschäftigung heißt Ein- und Ausräumen. Ich räume den Küchenschrank aus, fülle Bälle in ein Eimerchen und kippe sie immer wieder aus. Oder ich sammle ganz kleine Dinge auf. Ich verfeinere so meine Feinmotorik rasend schnell. Ich bin ständig in Bewegung und versuche überall hochzuklettern. Ich durchforsche meine Umwelt und probiere alles aus. Ich lasse Dinge auf den Boden fallen, um zu horchen, wie sie klingen.

Alle meine Finger klopfen auf den Boden
Eine Spielgeschichte rund um Hände und Finger
Ab 12 Monate

Hinweis: Wird zur Melodie von „Alle meine Entchen" gesungen.
Räumliche Umgebung: Kann überall stattfinden. Setzen Sie sich ihrem Kind gegenüber, so dass sie sich gut sehen und berühren können.
Diese Geschichte vermittelt: Körperbewusstsein, Körperentwicklung, Rhythmus, Interaktion, Gedächtnistraining, Spaß an Liedern

2.

Erzähltext	Regieanweisung
Alle meine Finger,	Finger hochhalten und bewegen.
klopfen auf den Boden,	
klopfen auf den Boden,	Bezugsperson und Kind klopfen auf den Boden.
und hören dann	
ganz plötzlich auf.	Aufhören zu klopfen. Hand hält still.
Alle meine Finger,	Finger hochhalten und bewegen.
fliegen durch die Luft,	
fliegen durch die Luft,	Mit den Fingern durch die Luft fliegen.
und hören dann	
ganz plötzlich auf.	Hand hält still.
Alle meine Finger,	Finger hochhalten und bewegen.
springen hin und her,	
springen hin und her	Mit den Fingern hin und her springen.
und hören dann	
ganz plötzlich auf.	Hand hält still.
Alle meine Finger,	Finger hochhalten und bewegen.
kitzeln mich am Bauch,	
kitzeln mich am Bauch,	Kind sanft am Bauch kitzeln.
und hören dann	
ganz plötzlich auf.	Hand hält still.
Alle meine Finger,	Finger hochhalten und bewegen.
wandern auf meiner Nase,	
wandern auf meiner Nase,	mit den Fingern auf der Nase „wandern".
und hören dann	
ganz plötzlich auf.	Hand hält still.

Ich klebe, ich klebe, ich klebe, was ich kann

Eine Spielgeschichte rund ums „Kleben". Ab 12 Monate

Hinweis: Wird zur Melodie von „Es regnet, es regnet" gesungen.
Das brauchen Sie: Magnete, Tierchen mit Saugnäpfen (z. B. für die Badewanne), farbige Gelformen (haften von alleine auf einer glatten Oberfläche, sehr schön farbig sieht es auf Fenstern aus)
Räumliche Umgebung: In einem Raum mit Magnetwand (Kühlschrank), Fenstern und einer glatten Wand.

Diese Geschichte vermittelt: Feinmotorik, Körperentwicklung, Rhythmus, Spaß an Liedern, Farben und ersten physikalischen Versuchen

Singtext	Regieanweisung
Ich klebe, ich klebe, ich klebe, was ich kann, und wenn ich nichts mehr kleben kann, dann fang ich wieder an.	Magnete vorbereiten. Beim Singen Magnete an eine Magnetwand „kleben". Dabei kann man auch prima ausprobieren, wo ein Magnet hält und wo nicht.
Ich klebe, ich klebe, …	Entchen mit Saugnäpfen vorbereiten. Beim Singen Entchen an eine glatte Wand „kleben".
Ich klebe, ich klebe, …	Farbige Gelformen vorbereiten. Beim Singen Gelformen an die Fenster „kleben".

Auf Schatzsuche

Eine Bewegungsspielgeschichte rund um Schätze und Überraschungen. Ab 12 Monate

Heute folgt das Kind einer heißen Spur, die direkt zu einer Überraschungskiste führt. Was da wohl drin ist?

Das brauchen Sie: einige interessante Dinge, die das Baby anspornen zu gehen oder zu krabbeln, um sie zu holen (Spielzeug, ungefährliche Dinge aus der Küche, Steine, kleine Äste etc. – einen großen Karton gefüllt mit allerlei Sachen, die das Baby entdecken darf)

Räumliche Umgebung: Wohn-, Kinderzimmer

Diese Geschichte vermittelt: Grob- und Feinmotorik, Körperentwicklung

Erzähltext	Regieanweisungen
Oh, schau mal, was da liegt. Komm, wir holen es.	Dem Kind den Gegenstand zeigen.
Noch ein Stückchen. Ja, prima. Du hast es schon fast geschafft.	Kind motivieren, den Gegenstand zu holen.
Toll, nun hast du es.	Loben und Freude zeigen.
Sieh mal, da liegt noch etwas.	Kind den neuen Gegenstand zeigen.

Das holen wir uns auch.
Prima, das hast du ganz toll gemacht.   Motivieren und loben.
Schau mal, da ist ja eine Kiste.   Kind die Kiste zeigen.
Was da wohl drin ist?   Aufregung vermitteln.
Sollen wir mal gucken?   Kind auspacken lassen.

Mit etwa 15 Monaten können Kinder andere umarmen
und klatschen, drei oder viersteinige Klötzchentürme
bauen und sie möchten alles nachahmen.

Praxisbeispiel:
Das Fallen üben: Das
Kind sitzt oder steht
auf einer Matratze und
lässt sich – gerade wie
ein Stab – fallen.

Mit etwa 18 Monaten können die meisten Kinder ziemlich sicher vor- und rückwärts gehen, sie können rennen
und wenn sie sich festhalten, auch Treppen hochsteigen.
Diese motorischen Fähigkeiten ermöglichen es ihnen,
ihre Umgebung weiter zu erkunden und auch andere
Fähigkeiten, wie etwa die Sinne, zu verfeinern.

Heute habe ich ein rotes, längliches Ding entdeckt. Ich habe es hin und her
geschwungen. Mama legte ein Blatt Papier vor mich hin und zeigte mir, wie ich
mit dem Stift zeichnen kann. Das gefällt mir. Nun mache ich es immer und immer wieder. Mama sagt, dass ich auch schon bald Linien und kreisförmige Zeichnungen hin-
bekommen werde.

Kleine Eselchen bringen Korn zur Mühle
Eine Bewegungsspielgeschichte rund um Bohnensäcke
Ab 18 Monate

Die Eselchen müssen das Mehl zur Mühle bringen. Beim Ausprobieren wird deutlich,
dass dies gar nicht so einfach ist!
Das brauchen Sie: Säckchen (oder Socke) mit Reis oder Bohnen-
kernen gefüllt, Tisch oder Sofa oder Stuhl (ist die Mühle)
Räumliche Umgebung: großer Raum
Diese Geschichte vermittelt: Körperentwicklung,
Spaß an ersten Fantasiespielen

Singtext	Regieanweisung
Heute spielen wir Eselchen.	Lassen Sie sich mit dem Kind auf allen
Komm, wir gehen auf allen Vieren.	Vieren nieder.
Wir sollen Mehl transportieren.	Zeigen Sie dem Kind die Säckchen und helfen Sie ihm, sich ein Säckchen auf den Rücken zu legen. Wenn das gut klappt, legen Sie sich selbst ein Säckchen auf den Rücken.
Wir müssen das Mehl zur Mühle bringen.	Mit den Säckchen auf dem Rücken, auf allen vieren zur „Mühle" gehen.
Das war schon der erste Sack Mehl.	Säckchen abladen.
Jetzt holen wir den zweiten.	Und die nächsten Säckchen holen.
Wir laden den zweiten Sack auf.	Säckchen aufladen.
Und gehen wieder zur Mühle.	Zur „Mühle" gehen.
Das war der zweite Sack Mehl.	Säckchen abladen.
Nun holen wir den dritten.	Neues Säckchen holen.
Wir laden den dritten Sack auf.	Säckchen aufladen.
Und gehen wieder zur Mühle.	Wieder zur „Mühle" gehen.
Geschafft!	Säckchen abladen.
Nun bin ich müde. Und du?	Sich über die Stirne wischen.

18 bis 24 Monate

Praxisbeispiel:
Kreativecke zur Förderung der Feinmotorik

(ab etwa 18 Monaten) Einen kleinen Tisch, ein Stühlchen, Stifte, Papier und Farbe (halten Sie sich als Begleitperson zur Verfügung). Nicht vergessen, die Werke auszustellen!

Einfaches Malen: Malschürze anziehen (oder einen alten Pulli). Eine Rolle weißes Papiertischtuch auf Boden oder Tisch ausbreiten. Farbtöpfe aufstellen.
   Tipp: Wenn die Kinder noch alles in den Mund nehmen, kann mit Vanillesauce, Erdbeermarmelade etc. gemalt werden.

2.

Maltechniken: a) mit den Fingern, b) mit einem Legoauto (die Räder in Farbe tauchen und das Kind damit übers Papier fahren lassen), c) Schwämme in die Farbe tauchen, mit dem Schwamm auf das Papier tupfen oder streichen, d) mit einem Wattebausch malen, e) mit einem Pinsel können größere Kinder malen. Die Zeichnungen kann man laminieren und so als Tischset oder Malunterlage benutzen.

Erste Bilder: Reißen Sie Klebestreifen in etwa 2-3 cm große Stücke. Kind klebt die Klebstreifen auf ein Blatt Papier. Blatt anmalen. Klebstreifen entfernen. Fertig ist die originelle Zeichnung.

Knete: 2 Tassen Mehl, ½ Tasse Salz, 2 Tassen Wasser, ein wenig Öl und ein wenig Speisefarbe (oder Randen-, Holunder-, Himbeer-, Spinatsaft etc.). Erhitzen, gut rühren, bis die Mixtur glatt ist. Abkühlen lassen. Kann man gut verschlossen einige Wochen im Kühlschrank aufbewahren. Das Kind darf frei damit spielen, kneten, ausprobieren, in Stückchen reißen, schneiden, formen, drücken, mit Keksformen ausstechen etc.

Perlenketten: Aus lufttrocknender Knete Perlen formen (können Kinder ab etwa 2-3 Jahren übernehmen). Mit einem Holzstäbchen ein großes durchgehendes Loch bohren. Perlen oder zur Abwechslung auch große Teigwaren auf einen Schnürsenkel auffädeln (einfacher, weil die Spitze gut durchzuführen ist). In der Kreativecke darf natürlich eine *Wandtafel* oder Malbord nicht fehlen.

Sandkasten: eine große Kiste mit Sand füllen, auf ein Plastiktischtuch stellen. Mit einigen Behältern (Eimerchen, Becher, Flasche) Sand auffüllen, umfüllen etc.

Ebenfalls interessant ist eine *Feinmotorik-Wand:* 6 ca. 25 x 25 cm große Stoffstücke vorbereiten. Auf jedes Stoffstück werden nun verschiedene Geschicklichkeitsübungen angebracht: 1. auf ein Stoffstück einen großen Knopf aufnähen, den man auf und zu knöpfen kann, 2. Ratschverschluss, 3. Druckknöpfe, 4. Reißverschluss, 5. Schuhbändel, 6. kleinere Knöpfe. Das Ganze an die Wand nageln.

Ab etwa 18 Monaten beginnen Kleinkinder deutlich zu zeigen, dass sie gewisse Dinge selbst tun und entscheiden wollen. Ihre Bezugspersonen müssen lernen, die Kinder alleine machen zu lassen, aber stets bereit sein, helfend einzugreifen. Die Kinder verstehen nun, dass bestimmte motorische Verhaltensweisen konkrete Resultate erzielen und setzen Bewegungen gezielt ein, um den gewünschten Effekt zu erreichen – auf einen Knopf drücken, um Musik zu erzeugen, oder auf einen Stuhl steigen, um hoch gelegene Dinge zu erreichen. Sie durchforschen ihre Umgebung alleine, wollen aber eine Bezugsperson stets in der Nähe haben.

Gestern habe ich zwei Kerzen ausgeblasen. Ich liebe es Striche oder Kreise zu zeichnen, mit Knete zu spielen, Knöpfe zu drücken, zu drehen und Schalter zu bewegen. Ich schaffe es, einige Kleidungsstücke selber auszuziehen und zum Teil auch anzuziehen. Mit Hüten, Schals und Mamas oder Papas Schuhen verkleide ich mich gerne. Ich kann vom Stand her etwas vom Boden auflesen. Ich spiele kniend oder auf dem Boden liegend oder sitzend. Ich kann mich auf die Zehenspitzen stellen, kurz hoch hüpfen und kurz auf einem Bein stehen. Ich kann Treppen ohne Hilfe hoch- und runtersteigen. Ich kann gehen und rennen, rasch aufstehen und mich wieder hinsetzen, rückwärts und seitwärts gehen. Ich kann auf Stühle und Leitern klettern und liebe es auf Mauern zu gehen, einen kleinen Wagen zu schieben oder eine Tigerente hinter mir her zu ziehen. Ich versuche schwere Dinge herumzutragen, Möbel zu verschieben. Ich schaffe es, einfache 2-teilige Puzzles zu legen und große Perlen aufzufädeln. Und ich schaue mir gerne Bilderbücher an und blättere darin.

Manege frei für die Artisten
Eine Zirkus-Mitmachgeschichte
Ab 18 Monate

Die magische Atmosphäre, die vom Zirkus ausgeht, fasziniert schon kleine Kinder. Auch in der Krabbel- oder Spielgruppe kann man diese Begeisterung durch Musik, eine Bewegungsgeschichte und viel Spiel und Spaß erzielen. Schon junge Kinder können Turngeräte benutzen, allerdings mit Hilfe und unter Aufsicht. Es gilt die Regel: ein Erwachsener pro Kind.

Das brauchen Sie: 1 Sprossenwand oder eine sehr stabile Leiter, 2 Bänke oder Bretter, 1 Schwedenkasten oder ein etwa 1,20 m hohes Möbelstück, 1 Trampolin, 4 Matten oder Matratzen, je einen Reifen pro Kind, je einen Medizinball oder anderen großen Ball pro Kind, CD-Spieler, Zirkusmusik („Säbeltanz", „Bye-bye, Charlie" von Henry Mancini, „Zirkuspolka", „Carnaval de Paris" etc.)

Räumliche Umgebung: Turnhalle oder ein anderer großer Raum, in dem man sich gut frei bewegen kann

Hinweis: Eine Aktivität sollte nicht länger als zwei bis drei Minuten dauern.

Diese Geschichte vermittelt: Körperentwicklung, Spaß an Zirkus und Unterhaltung

Erzähltext	Regieanweisungen
	Kinder und Begleitpersonen sitzen im Kreis. Ein Begrüßungslied singen. Das Gefühl von Freude vermitteln.
Heute gehen wir in den Zirkus. *Endlich ist der Zirkus da!*	
Wir wippen auf den großen Holzbänken aufgeregt hin und her.	Alle Teilnehmer wippen hin und her.
Wir hören lustige Zirkusmusik.	Musik anstellen.
Die Dompteure kommen! Es geht los! *Manege frei!*	Alle stehen auf. Jedes Kind erhält einen Reifen.
Meine Damen und Herren, hier kommen unsere weltberühmten Tiger. Schaut zu: *Die Tiger springen durch die Reifen.* *Bitte spenden Sie Beifall für unsere lustigen Tiger.*	Kinder spielen Tiger und springen durch den Reifen. Je geschickter das Kind, je höher hält die Begleitperson den Reifen.
	Begleitpersonen klatschen. Reifen wegschaffen. 2 Bänke, 1 Schwedenbock, 1 kleines Trampolin, 4 kleine Matten herbeischaffen.

Meine Damen und Herren. Sperren Sie die Augen weit auf: Hier kommen unsere Seiltänzer. Elegant schreiten die Artisten über das Hochseil – ganz hoch oben unter der Zirkuskuppel!
Beifall, Beifall!!!
Es gibt natürlich noch mehr Artisten in unserem Zirkus. Sie schlagen Saltos und Pirouetten. Da staunen Sie ganz schön, meine Damen und Herren.

So einen tosenden Beifall haben wir schon lange nicht mehr gehört. Ich danke Ihnen, meine Damen und Herren. Die Akrobaten turnen weiter. Sie springen durch die Luft. Sie hüpfen und rollen. Es ist eine wahre Pracht.

Liebe Zuschauer, spenden Sie Beifall!

Auch unsere Bodenartisten sind wahre Könner.

Nun balancieren unsere Akrobaten. Meine Damen und Herren, schauen Sie zu und staunen Sie.

Als Seiltänzer laufen die Kinder über eine umgedrehte Bank. Schon junge „Laufkinder" schaffen das ohne Probleme, wenn die Begleitperson beide Hände des Kindes hält.
Begleitpersonen klatschen und loben.
Eine Bank auf die 5.-8. Sprosse der Sprossenwand anlehnen. Die Artisten gehen (vorwärts, rückwärts), krabbeln, rutschen, ziehen sich hoch, … und rutschen wieder runter.

Begleitpersonen klatschen.

Schwedenbock aufstellen, dahinter ein Trampolin und mehrere Matten. Kinder klettern auf den Schwedenbock, springen mit Hilfe der Begleitpersonen auf das Trampolin, hüpfen und springen auf die Matten.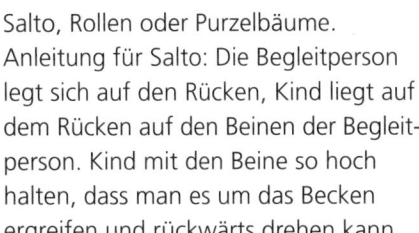
Begleitpersonen klatschen. Artisten dürfen sich verbeugen.
Bodenartisten üben auf den Matten Salto, Rollen oder Purzelbäume.
Anleitung für Salto: Die Begleitperson legt sich auf den Rücken, Kind liegt auf dem Rücken auf den Beinen der Begleitperson. Kind mit den Beine so hoch halten, dass man es um das Becken ergreifen und rückwärts drehen kann. Alles Material wegschaffen und Medizinbälle holen.
Jedes Kind versucht auf einem Medizinball zu stehen, zu balancieren, vorwärts zu laufen oder auf dem Bauch oder Rücken zu balancieren. Jüngere Kinder dabei an beiden Händen halten.

2

Meine Damen und Herren nun kommt der Höhepunkt unserer heutigen Zirkusvorstellung: unsere großen, unsere einzigartigen, unsere weltberühmten Zirkuspferdchen.
Doch nun sind alle müde. Tiere und Artisten legen sich für ein Kuschellied hin.

Herzlichen Dank fürs Mitmachen! Zum krönenden Abschluss dürfen natürlich leckerer Tee und Zirkuskuchen nicht fehlen!

Medizinbälle wegschaffen.
Die Kinder werden zu Zirkuspferden und galoppieren im ganzen Saal herum.

Schlaflied summen/singen (Entspannung, Beruhigung). Dabei sanft über Kopf, Augen, Nase, Mund, Bauch, Arme, Beine etc. fahren. Dient der Förderung der Körperwahrnehmung und der Bindung zwischen Kindern und Bezugspersonen.
Wenn ein Kind nicht still liegen möchte, darf es in ganz langsamen Schritten laufen oder in den Armen des Erwachsenen mitgehen.
Klatschen.

Z. B. Früchtetee und Kuchen servieren.

24 bis 36 Monate

Praxisbeispiele:

- *Spinnennetz:* Eine Schnur im Zickzack um Möbel (oder Bäume) abrollen. Bezugsperson und Kind versuchen der Schnur zu folgen. Als zusätzlicher Ansporn können beim Abrollen von Zeit zu Zeit kleine Kärtchen aufgehängt werden.
- *Blumensträuße:* Blumen pflücken und lernen, wie man sie in einer Vase oder aufgeklebt auf einem großen Bogen Papier schön präsentieren kann.

Zwischen 2 und 3 Jahren perfektionieren sich Kinder im Gehen, Rennen, Hüpfen und Klettern. Sie lernen auf dem Dreirad in die Pedale zu treten, selbstständig zu essen und zu trinken und einfache Mahlzeiten zuzubereiten, wie Frühstücksflocken in eine Schüssel zu geben und Milch dazuzugießen. Oft lernen sie in dieser Zeitspanne die Toilette zu benutzen, sich die Hände zu waschen und sich alleine an- und auszuziehen. Sie können große Knöpfe handhaben und machen erste „realistische" Zeichnungen. In diesem Alter möchten Kinder einerseits so viel Zeit wie möglich mit ihren Bezugspersonen verbringen und ihnen alles abgucken und andererseits so viel wie möglich alleine machen, was sie auch vehement kundtun.

Das große Bären-Hasen-Mäuse-Schlangen-Fangen

Eine Bewegungsspielgeschichte rund um die Körperentwicklung
Ab 24 Monate

Fangspiele lieben schon kleine Kinder.
Räumliche Umgebung: großer Raum oder Garten
Diese Geschichte vermittelt: Körperentwicklung, Spaß an interaktiven Spielen, Informationen zum Tierreich und Hinführung zu ersten Fantasiespielen

Singtext	Regieanweisung
Achtung, ich fange dich! Renn davon.	Wenn das Kind in Stimmung für ein Fangspiel ist.
Nun sind wir Bären. Wir stampfen laut. Wir brüllen wie die Bären.	Spielen Sie gemeinsam Bären, die sich gegenseitig fangen wollen.
Das war laut. Komm, jetzt sind wir kleine Mäuse. Wir trippeln ganz leise und quicken dabei wie kleine Mäuse.	Spielen Sie gemeinsam Mäuse, die sich gegenseitig fangen wollen.
Jetzt sind wir Hasen. Wir hüpfen und hüpfen. Hüpf schnell weg, sonst fange ich dich.	Spielen Sie gemeinsam Hasen, die sich gegenseitig fangen wollen.
Und nun sind wir Schlangen. Wir legen uns auf den Bauch und kriechen und schlängeln. Ob ich dich so fangen kann?	Spielen Sie gemeinsam Schlangen, die sich gegenseitig fangen wollen.

3.

„Ich entdecke meine Welt!"

Wie lernt ein kleines Kind sich in einem Umfeld voller rätselhafter und geheimnisvoller Dinge und Vorgänge zurechtzufinden? Wie lernt es seinen Alltag kennen? Wie eignet es sich die Lebensrhythmen an? Wann lernt es die Tagesabfolge kennen und vorauszusehen? Welche Rolle spielen Erinnerung, Gedächtnis, Einordnung, Zuordnung etc.? Und wie können Bezugspersonen das Kind liebevoll unterstützen, es fördern, ohne es zu überfordern?

Förderschwerpunkt Lebensrhythmen

Unser Leben wird von vielen verschiedenen Rhythmen geprägt: Tag und Nacht; Woche, Monat und Jahr; Rituale, Traditionen, Feste und Feiern, …
Diese Rhythmen helfen unser Leben zu strukturieren. Sie ordnen unser Leben, teilen es in verschiedene Perioden und lassen es durch einen bestimmten Ablauf in einem gewissen Maß vorhersehbar werden. Durch die ständigen Wiederholungen und die Vorhersehbarkeit gewinnen wir an Sicherheit, da wir wissen, was uns erwartet.
Anfangs gibt es für ein kleines Kind noch keine Regelmäßigkeiten in seinem Leben. Die Welt erscheint ihm voller Wunder und sie ist ihm unbegreiflich. Wenn das Baby aufwacht, ist es mal dunkel, mal hell. Mal darf es nach dem Essen spielen, mal soll es schlafen. Mal fährt man mit ihm im Kinderwagen spazieren, wenn es weint, mal nicht. In dieser für das Kind oft so unklaren Situation können seine Bezugspersonen ihm helfen, sich in der Welt zu orientieren. Sie helfen durch ihre Kommentare, durch ihre Hinweise, durch ihr Verhalten und durch den Ausdruck ihrer Gefühle. Dadurch kann das Kind die Welt aus verschiedenen Blickwinkeln sehen und allmählich begreifen lernen.

Ich liege in meinem Bettchen und rufe Mama. Wieso kommt sie nicht? Wieso dauert das so lange? Ah, jetzt ist sie endlich da. Aber wieso schaut sie so verschlafen aus? Und wieso hat sie keine Lust mit mir zu spielen? Sie sagt mir: „Es ist Nacht, jetzt schlafen alle."

Wiederholungen und Rituale bilden für das Kind wichtige Hinweise: Es merkt bald, dass Bezugspersonen tagsüber, wenn es aufwacht, mit ihm spielen, aber es nachts dazu motivieren wollen, weiter zu schlafen. Das Kind erwirbt so einen ersten Zeitbegriff, den Tag-Nacht-Rhythmus. Dies geschieht oft zwischen drei und neun Monaten. Das Kind zeigt erste Anzeichen, dass es Routinen und Rhythmen erkennt und schätzt. Bezugspersonen helfen dem Kind sehr, indem sie sich an feste Strukturen halten. So erkennt das Kind bald, dass in seinem Leben auch andere Muster stattfinden, etwa die ständige Wiederholung des Tagesablaufes: aufwachen, hochnehmen, füttern, wickeln, anziehen, spielen etc.

 *Ich bin gerade vom Mittagsschläfchen aufgewacht. Ich freue mich, nun gehen wir spazieren. Das tun wir immer nach dem Mittagsschläfchen.*

Geschichten und Spielvorschläge zum Erwerb von Lebensrhythmen

Mein Tag
Eine Spielgeschichte rund um den Tagesrhythmus
Ab 9 Monaten

Ein typischer Tag: aufwachen, waschen und anziehen, essen, spielen, lesen, baden, … Die Erzählung ist spielerisch gestaltet und wird dem Kind mit einer Puppe oder einem Teddybären nahe gebracht.
Das brauchen Sie: einen Teddybär oder eine Puppe (möglichst wasserfest, es sollte der Lieblingsbegleiter des Kindes sein – ggf. im Erzähltext anstatt Teddy den Namen des Lieblingsbegleiters des Kindes verwenden)
Räumliche Umgebung: die ganze Wohnung
Diese Geschichte vermittelt: Verständnis der Umwelt und des Tagesablaufes, Spaß an ersten interaktiven, phantasiereichen Spielen

Erzähltext
Hast du einen Teddybär?
Ja? Dann komm mit. Teddy möchte dir heute etwas zeigen.

Psst! Teddy schläft.
Es ist Morgen.
Aufwachen, lieber Teddy!

Regieanweisungen
Kind fragend anschauen.
Machen Sie eine Handbewegung für „komm mit". Gehen Sie mit dem Kind und dem Teddy ins Kinderzimmer.
Legen Sie Teddy ins Kinderbett.
Finger vor den Mund legen für „psst".
Teddy so bewegen, als ob er gerade aufwachen würde. Er streckt sich, Gähngeräusche, etc.

Als erstes ziehen wir dich an.

Nun wollen wir dich waschen.

Den Mund, die Augen, die Nase, die Ohren, sogar den Bauch.
Was meinst du? Was möchte Teddy nun tun?
Er möchte sicher essen. Er hat Hunger.

Teddy setzt sich auf den Stuhl.

Teddy isst das Brot. Teddy trinkt die Milch.

Das war gut.
Nun muss sich Teddy die Hände waschen. Nach dem Essen waschen wir uns immer die Hände.
Was meinst du? Möchte Teddy nun spielen?
Teddy spielt am liebsten (Lieblingsspiel des Kindes nennen).
Komm wir spielen mit.

Nun ist Teddy müde. Er macht jetzt ein Schläfchen. Schlaf gut, Teddy. Schlaf gut.

Teddy steht im Bett.
Teddy auf den Wickeltisch legen und zusammen mit dem Kind anziehen.
Ins Badezimmer gehen. Teddy zusammen mit dem Kind sanft waschen.
Die Körperteile in dem Augenblick waschen, wenn sie das Wort sagen.
Das Kind fragend anschauen.

In die Küche gehen.
Ein kleines Essen vorbereiten, z.B. etwas Brot und etwas Milch.
Mit Teddy, dem Kind und dem Essen zum Hochstuhl gehen. Teddy auf den Stuhl setzen.
So tun, als ob Teddy essen und trinken würde. Das Kind darf Teddy auch füttern, wenn es möchte.
Mit der Hand über den Bauch streichen.
Mit Teddy zum Waschbecken gehen und so tun, als ob er sich die Hände waschen würde.
Kind fragend anschauen.

Diesen Abschnitt nur einlegen, wenn das Kind „ja" sagt.
Sonst gleich zum letzten Abschnitt übergehen.
Mit Kind und Teddy spielen.
Teddy schlafen legen.

Ein ganz normaler Tag

Eine Spielgeschichte rund um den Tagesablauf
Ab 12 Monaten

Ein ganz normaler Tag im Leben eines Kleinkindes wird liebevoll
in Szene gesetzt.

Das brauchen Sie: Mamapuppe, eine Papapuppe und
eine Babypuppe, einen Bobbycar, einen Puppenwagen

Räumliche Umgebung: ganze Wohnung

Hinweis: Anstatt „Baby" den Namen des Kindes sagen.
Den Tagesablauf an die individuellen Lebensverhältnisse anpassen.

Diese Geschichte vermittelt: Verständnis für Tagesabläufe

Erzähltext	Regieanweisungen
	Die Puppen liegen im Bett.
Die Mama und der Papa stehen auf.	Aufstehen lassen.
Der Papa fährt zur Arbeit.	Die Papapuppe z.B. auf dem Bobbycar zur Arbeit (= anderer Ort in der Wohnung) fahren lassen.
Das Baby wacht auf.	Die Babypuppe, die im Bettchen lag, wacht auf.
Die Mama zieht das Baby an.	So tun, als ob die Mamapuppe die Babypuppe anziehen würde.
Die Mama füttert das Baby.	Darstellen, wie die Mamapuppe die Babypuppe füttert.
Die Mama spielt mit dem Baby.	So tun, als ob die Mamapuppe mit der Babypuppe spielen würde.
Das Baby macht ein Nickerchen.	Die Mamapuppe legt die Babypuppe zum Mittagsschläfchen ins Bettchen.
Das Baby wacht auf.	Spielen, wie die Babypuppe aufwacht, sich streckt und gähnt.
Mama und Baby gehen spazieren.	Mamapuppe und Babypuppe (evtl. im Puppenwagen) spazieren durch das Wohnzimmer.
Baby hat Hunger.	Mamapuppe füttert die Babypuppe.
Der Papa kommt nach Hause.	Papapuppe kommt auf dem Bobbycar angefahren.

Der Papa spielt mit dem Baby.	Spielen, wie die Papapuppe mit der Babypuppe spielt.
Mama, Papa und Baby essen.	Darstellen, wie alle drei Puppen zu Abend essen.
Der Papa badet das Baby.	Im Badezimmer spielen, wie die Papa-puppe die Babypuppe badet.
Die Mama liest dem Baby eine Geschichte vor.	Im Kinderzimmer darstellen, wie die Mamapuppe der Babypuppe eine Geschichte vorliest. Mamapuppe hält ein Bilderbuch in den Händen. Baby-puppe sitzt auf ihrem Schoss.
Gute Nacht, gute Nacht.	Mamapuppe und Papapuppe legen die Babypuppe ins Bettchen. Singen Sie ein Gutenachtlied. Mamapuppe und Papa-puppe geben der Babypuppe einen Kuss und treten leise aus dem Kinder-zimmer.

Schon kleine Wiederholungen entschlüsselt das Kind, z. B. das Frühstück wird in der Küche eingenommen und die anderen Mahlzeiten im Esszimmer. So lernt das Kind zwischen Morgen und Nachmittag zu unterscheiden. Ein Gefühl für die Tageszeit kann man schon Neugeborenen vermitteln: nach dem Abendessen gibt es ein Bad, danach wird gekuschelt, es gibt die Gute-Nacht-Geschichte und dann ist Schlafenszeit. Später kann es sich mit solchen Wiederholungen den Wochenablauf (z.B. Montag ist der Ein-kaufstag, Dienstag der Putztag etc.) und den Jahresrhythmus aneignen.

Ich freue mich. Mama hat das schöne Geschirr aus dem Schrank geholt. Das bedeutet, dass wir Besuch kriegen!

Rituale helfen ihm zusätzlich, das Gefühl zuerst für die Tages-, dann die Wochen- und schließlich die Jahreszeiten zu entwickeln. Rituale geben dem Kind Sicherheit und sie bilden wichtige und schöne Momente in der Beziehung.

Praxisbeispiele:

Jahresrituale: Weihnachtsbaum, Osterbaum schmücken, kleinen Blumenstrauß zum Muttertag pflücken, Geburtstage feiern etc.

Ostereier dekorieren (ab 2-3 Jahren mit etwas Hilfe durchzuführen): *a)* Mit Locher in Buntpapier Löcher stanzen. Auf harte, weiße Eier aufkleben. *b)* Eier mit Kulleraugen und aufgemalten Gesichtern (Speisefarben-Filzstifte gibt es z.B. in Drogerien oder Reformläden) zu lustigen Männchen dekorieren. *c)* Eier mit kleinen Nüdelchen bekleben. *d)* Eier mit kleinen Blumen oder Blättern bekleben. *e)* Eier mit Pailletten, Perlen, Bändern etc. bekleben. Die Eier in einem Osterkorb schön präsentieren.

Ostereier mal ganz anders (ab 12 Monaten): Aus Knete oder Salzteig ein Ei formen. Trocknen lassen oder im Backofen bei 70-90°C 1-3 Stunden backen. Mit Fingerfarbe verzieren. Mit diesem Ei kann man Osterkörbe schön dekorieren.

Das Puppenbad
Eine Spielgeschichte rund um Gute-Nacht-Rituale
Ab 18 Monaten

Das brauchen Sie: Puppe oder Lieblingstier des Kindes
Räumliche Umgebung: Kinderzimmer und Badezimmer oder Puppenbadewanne
Diese Geschichte vermittelt: Verständnis für den Tagesablauf und für Rituale, Entwicklung von Zeitgefühl, Spaß an ersten interaktiven Spielen

Erzähltext	Regieanweisungen
	Warten, bis es Abend ist oder Zimmer ein wenig verdunkeln.
Es ist Abend. Schau, es ist schon fast dunkel.	Die Puppe zeigt dem Kind, dass es schon fast dunkel ist.
	(Puppen)badewanne vorbereiten.
Es ist Zeit für ein Bad.	Die Puppe nimmt ein Bad.
	Kleines Buch zurechtlegen.
Nach dem Bad gibt es die Gute-Nacht-Geschichte.	Der Puppe eine kleine Geschichte aus einem Buch vorlesen.

3.

Nun ist (Name der Puppe) müde. Puppe gähnt und reibt sich die Augen.
(Puppen)bett vorbereiten.

Sie geht ins Bett und schläft ein. Puppe ins Bett legen.
Schlaf gut, (Name der Puppe). Die Puppe noch umarmen und Küsschen
geben und über das Köpfchen streicheln.

Die Kommentare der Bezugspersonen und die Kommunikation, die zwischen Kind und Bezugsperson stattfindet, bilden weitere wichtige Lernschritte im Leben: „Schau jetzt ist es dunkel, es ist Zeit zum Schlafen." Oder: „Ja, heute gehen wir ins Hallenbad, heute ist Badetag." Bilder und Geschichten helfen dem Kind ebenfalls, seine Welt besser zu verstehen. Auch die Geschichten in diesem Buch helfen der Bezugsperson, die Umwelt, das Leben, die Beziehungen auf besonderer Weise zu kommentieren, in Szene zu setzen und dem Kind begreiflich zu machen. Bewegung und Sprache werden vereint. Die Mitmachgeschichten sind eine Form der Kommunikation und die brauchen kleine Kinder von Anfang an.

 Immer wenn ich gähne oder quengle, werde ich ins Bettchen gelegt und die Mama sagt dabei: „Ich sehe, dass du müde bist!"

Praxisbeispiele:

- *Teddypicknick* (ab 18 Monaten): Wie wäre es mit einem Picknick für den Teddy? Sandwiches, Getränk und Wolldecke einpacken. Los geht's! Kann auch mal im Wohn- oder Kinderzimmer stattfinden.
- *Ich räume alles auf* (ab 12 Monaten): Alle Gegenstände in eine Kiste oder alle großen Gegenstände in eine Kiste, alle kleinen in eine andere.
- *Naturschatzsuche* (ab 18 Monaten): *Sammlerlied* singen (Melodie „Morgen kommt der Weihnachtsmann"): „Komm, wir wandern jetzt hinaus und sammeln viele Sachen auf. Steinchen, Blätter, Gräser, Sand, Stöckchen, Blumen bei der Hand. Komm, wir wandern jetzt hinaus und sammeln viele Sachen auf."
- *Sammeln*: Steinchen, Federn, Gräser, etc. in einem Eimerchen sammeln.
- *Groß und klein*: Gesammelte Naturschätze ordnen: alle großen zusammen, alle kleinen zusammen.
- *Ein hoher Turm* (ab 12 Monaten): Kartons so aufstapeln, dass sie nicht umfallen.

Auch Verhalten und Worte bilden wichtige Hinweise und Erinnerungshilfen: Etwa wenn Sie vor Freude klatschen oder ein lebhaftes Verhalten an den Tag legen, schließt das Baby daraus, dass es gleich spazieren gehen wird. Oder wenn Sie die Badetasche packen, wird das Baby bald herausgefunden haben, dass es nachher ins Hallenbad geht.

 Papa hat die Einkaufstaschen rausgeholt. Ich bin ganz aufgeregt, denn das bedeutet, dass wir gleich einkaufen gehen werden.

Einkaufsbummel mit Überraschung
Eine Spielgeschichte rund ums Einkaufen
Ab 12 Monaten

Bei dieser Einkaufstour wird es nicht langweilig. Und am Schluss gibt es sogar eine Überraschung. Die Geschichte kann zu Hause gespielt werden (z. B. am Küchentisch oder im Spielkrämerladen) und fördert so das Phantasiespiel. Sie kann aber auch während eines richtigen Einkaufs umgesetzt werden.
Das brauchen Sie: einen Einkaufswagen oder eine Sitzgelegenheit (z.B. Hochstuhl), einige Einkaufswaren
Räumliche Umgebung: Wohnung oder Einkaufszentrum
Hinweis: Ordnen Sie die Waren so, dass die Reihenfolge in Ihrem Ladengeschäft logisch ist, sparen Sie aber die Überraschung für den Schluss auf.
Diese Geschichte vermittelt: Verständnis der Umwelt, Einkaufswelt kennenlernen, phantasiereiches Spielen

Erzähltext	Regieanweisungen
(Name des Kindes) geht einkaufen.	Kind in den Einkaufswagen oder den Hochstuhl setzen.
(Name des Kindes) denkt: „Ich möchte heute ganz viele Sachen in den Einkaufswagen legen."	Auf all die Sachen in den Regalen zeigen.
Als erstes die Eier. Da muss man ganz vorsichtig sein, damit sie nicht zerbrechen.	Zu den Eiern gehen. Eier zusammen mit dem Kind vorsichtig in den Wagen legen.
Nun kommt der Käse dran. Sollen wir den hier nehmen oder lieber diesen?	Zum Käse gehen. Das Kind zwischen zwei Käsesorten

39

Was meinst du?

Jetzt holen wir Milch. Eins, zwei, drei.
Drei Milchpackungen legen wir in den
Wagen.
Wir kaufen auch Bananen ein. Weil du
die so gerne isst (oder andere Früchte,
die das Kind gerne isst). Und ein wenig
Paprika, Tomaten und Salat legen wir
auch noch in den Wagen.
Fleisch wollen wir heute auch kaufen.
Schau mal, da gibt es Hackfleisch, da
Würste und hier Hähnchenfleisch. Ich
denke, wir nehmen Hähnchen.
Nun ist unser Wagen schon fast voll.
Schau mal.
Doch eines fehlt uns noch.

Eine Überraschung für dich.
Wir kaufen Brot. Und hier das Baguette-
brötchen, das ist für dich!

wählen lassen. Käse zusammen mit
dem Kind in den Wagen legen.
Zur Milch gehen.
Zusammen mit dem Kind zählen und
Milchtüten in den Wagen legen.
Weiter zum Obst und Gemüse.
Dinge in den Wagen legen.

Zum Fleisch gehen.
Das Fleisch in den Wagen legen.

Zusammen mit dem Kind den fast vollen Wagen betrachten.
Das Kind fragend anschauen und auch
schon die Vorfreude auf die Überraschung vermitteln, indem Sie Freude
und Aufregung zeigen.
Das Kind die Vorfreude auskosten lassen.
Zum Brot gehen.
Baguettebrötchen dem Kind geben.

Groß und klein
Eine Spielgeschichte rund um Mamas und Babys
Ab 24 Monaten

Heute ist ein verhexter Tag: Alle Babys suchen nach ihren Mamas. Werden sie sie finden?
Das brauchen Sie: Plüschtiere wie Küken, Huhn, Welpe, Hund, Kätzchen, Katze, Ferkel, Schwein, Kalb, Kuh, Fohlen, Pferd oder entsprechende Finger-, Hand- oder Papierpuppen.
Räumliche Umgebung: Wohnzimmer
Diese Geschichte vermittelt: Verständnis für Zugehörigkeit, Spaß an ersten kommunikativen Spielen

Erzähltext	Regieanweisung
	Dem Kind ein Plüschküken zeigen.
Mama, wo bist du?	So tun, als ob das Küken sprechen würde und seine Mama sucht.
Bist du meine Mama?	Das Küken trifft das Pferd.
Nein, nein, deine Mama ist dort.	So tun, als ob das Pferd sprechen würde.
	Das Pferd zeigt auf das Huhn.
	Huhn und Küken umarmen sich.
	Dem Kind das Hündchen zeigen.
Mama, wo bist du?	Das Hündchen sucht seine Mama.
Bist du meine Mama?	Das Hündchen trifft die Kuh.
Nein, nein, deine Mama ist dort.	Die Kuh zeigt auf den Hund.
	Hund und Welpe umarmen sich.
	Dem Kind das Kätzchen zeigen.
Mama, wo bist du?	Das Kätzchen sucht seine Mama.
Bist du meine Mama?	Das Kätzchen trifft das Schwein.
Nein, nein, deine Mama ist dort.	Das Schwein zeigt auf die Katze.
	Katze und Kätzchen umarmen sich.
	Dem Kind das Ferkel zeigen.
Mama, wo bist du?	Das Ferkel sucht seine Mama.
Bist du meine Mama?	Das Ferkel trifft das Huhn.
Nein, nein, deine Mama ist dort.	Das Huhn zeigt auf das Schwein.
	Ferkel und Schwein umarmen sich.
	Dem Kind das Kalb zeigen.
Mama, wo bist du?	Das Kalb sucht seine Mama.
Bist du meine Mama?	Das Kalb trifft den Hund.
Nein, nein, deine Mama ist dort.	Der Hund zeigt auf die Kuh.
	Kuh und Kalb umarmen sich.
	Dem Kind das Fohlen zeigen.
Mama, wo bist du?	Das Fohlen sucht seine Mama.
Bist du meine Mama?	Das Fohlen trifft die Katze.
Nein, nein, deine Mama ist dort.	Die Katze zeigt auf das Pferd.
	Pferd und Fohlen umarmen sich.

Gedächtnis, Erinnerung und Zeitverständnis: Damit das Kind den Rhythmus des Lebens verstehen und sich merken kann, muss sich sein Gedächtnis, seine Erinnerungsvermögen und sein Zeitverständnis entwickeln. Das Kind erkennt mit der Zeit

41

die Informationen (z. B. betreffend des Tagesablaufes), nimmt sie auf, ordnet sie ein und behält sie mit der Zeit so, dass es sie immer wieder abrufen kann. Die Erinnerung setzt ein: „Ach ja, das hatte ich gestern schon so gesehen."

Bestimmte Gedächtnissysteme bilden sich schon vorgeburtlich aus. Schon Embryos nehmen Informationen aus der Umwelt auf. Eine Studie, die auch jede schwangere Frau selbst durchführen kann, beweist dies: Dem Fötus wird während der letzten sechs Schwangerschaftswochen zweimal täglich laut ein Gedicht (oder eine Geschichte) vorgelesen. Kurz nach der Geburt werden dem Baby der vertraute und ein unbekannter Text vorgelesen. Bei dem vertrauten Text *ändert* sich die Saugrate, beim unbekannten nicht.

Nach der Geburt fügen sich andere Gedächtnissysteme hinzu. Schon wenige Monate alte Babys können sich Dinge merken und dies auch zeigen. Sie können sich Reihen und Abfolgen einprägen.

Mama spielt ein lustiges Spiel mit mir: Sie schaut mich immer abwechselnd zwei Mal über die linke Schulter und zwei Mal über die rechte Schulter an. Bald schon erwarte ich sie an der richtigen Schulter.

Und Studien haben gezeigt, dass ein Kind solche einfachen Abfolgen sieben bis acht Tage im Gedächtnis aufbewahren kann. Nach dieser Zeit scheint es die Informationen nicht mehr griffbereit zu haben. Wenn dem Kleinkind aber einen erneuten Lernimpuls gegeben wird, kann es das zuvor Erlernte sehr schnell wieder abrufen.

Nach drei Monaten – dann, wenn ein enormer Wachstumsschub des Gehirnes stattfindet – verfeinert sich die Geschwindigkeit des Erlernens rasch und die Kinder behalten immer mehr Informationen und können sie auch immer besser zuordnen. Sie erkennen z. B. Gesichter über immer längere Zeitspannen. Auch das assoziative Denken (ich tue was und es geschieht etwas) bildet sich nun verstärkt aus.

Ich bin 3 Monate alt, Papa hat ein Mobile über meinem Bettchen befestigt. Das Mobile ist über ein Band mit meinem Bein verbunden. Schon bald finde ich heraus, dass ich durch Strampeln das Mobile in Bewegung versetzen kann und strample darum doppelt so oft, als wenn es nicht befestigt wäre.

Im Verlauf des zweiten Lebensjahres verfeinern sich das Gedächtnis und das Zeitverständnis. Nicht zuletzt, weil das Kind nun vermehrt die gesprochene Sprache versteht. Es kennt die Bedeutung von „jetzt" und „bald" oder „später". Es kann Dinge, die in nächster Zukunft geschehen werden, erwarten. Es kann sich Sachen längere Zeit merken und auch komplexere Handlungen erlernen und speichern.

Das autobiografische Gedächtnis hingegen (die sogenannten Erinnerungen) setzt erst ab etwa drei Jahren ein. Hierbei ist die Bedeutung der Bezugspersonen sehr groß („Weißt du noch, als wir …").

Praxisbeispiele: Entwicklungsspiele, das bin ich
(ab 24 Monaten)

- *Unsere Spuren:* Fußabdrücke/ Handabdrücke der ganzen Familie mit Farbe oder mit Gips erstellen.
- *Messlatte:* „So groß bin ich schon!"
- *Mein Fotoalbum:* Mit dem Kind zusammen sein Fotoalbum gestalten (mit Fotos des Kindes und von seiner Familie).
- *Meine Finger, deine Finger:* Mama und Kind „verknoten" ihre Hände ineinander. Kind soll seine eigenen Finger suchen, zeigen, bewegen.
- *Riesig, winzig:* Sich ganz hoch strecken („So groß!") und ganz klein machen („So klein!"). Oder: „Als ich ein Baby war, war ich so klein!" (ganz klein machen). – „Nun bin ich schon so groß!" (hoch strecken).
- *Merkspiel:* 3 Gegenstände, die doppelt vorhanden sind, z. B. 2 Nudeln, 2 Socken, 2 gleiche Bleistifte. Je einen der Gegenstände in eine Schachtel legen, die anderen bei sich behalten, ohne sie dem Kind zu zeigen. Dem Kind nacheinander die Schachteln mit Inhalt präsentieren. Die Schachteln wieder verschließen. Dem Kind den ersten Gegenstand zeigen und fragen, in welcher Schachtel sich der gleiche Gegenstand befindet. Wichtig ist, keinen Leistungsdruck zu erzeugen!

Drei kleine Pflanzen
Eine Bewegungsgeschichte rund ums Wachsen
Ab 24 Monaten

Blumen zu pflanzen und wachsen zu sehen (in der Geschichte wie in der Realität), ist auch eine gute Gelegenheit, die Zeitspanne zu erfahren. Manches dauert eben ein wenig.

Das brauchen Sie: Blumensamen (am besten schnell keimende Sorten wie Erbsen und Bohnen; Samen von Sonnenblumen – weil später schön anzusehen – bzw. von Erdbeeren – weil als Frucht lecker schmeckend – eigenen sich auch gut), Töpfe und Erde, kleine Gießkanne, drei Grillspießchen aus Holz

Räumliche Umgebung: Wohnzimmer, Balkon oder Garten

Diese Geschichte vermittelt: Verständnis für die Pflanzenwelt, erste Erfahrungen mit Wachstum, Spaß an ersten interaktiven Spielen

Erzähltext	Regieanweisungen
	Mit dem Kind Blumensamen und Töpfe vorbereiten.
Komm, heute wollen wir Erbsen (Bohnen, Erdbeeren etc.) pflanzen.	Dem Kind Vorfreude vermitteln.
Als erstes machen wir drei kleine Löcher in die Erde.	Dem Kind zeigen, wie es das tun kann.
Ja, so ist es prima.	Loben nie vergessen.
Nun kannst du in jedes Loch einen Samen stecken.	Dem Kind zeigen, wie es das tun kann.
Das machst du toll.	
Nun brauchen die Samen ein wenig Wasser.	
Komm, wir füllen die Gießkanne.	Die Gießkanne füllen.
Ganz vorsichtig kannst du ein wenig Wasser gießen.	Dem Kind helfen, die Samen genügend zu bewässern, aber nicht zu überschwemmen.
Den Topf stellen wir an einen hellen Ort. Aber nicht in die pralle Sonne.	Mit dem Kind den Topf an einen solchen Ort tragen.
Nun müssen wir ein paar Tage warten.	Geduld erlernen ist schwierig. Daher wird dem Kind nun am besten eine andere Aktivität präsentiert.

*Schau, da kommen schon die ersten
Pflänzchen raus.
Schau, wir stecken für jedes Pflänzchen
ein Stäbchen in die Erde.
Wir markieren, wie hoch die Pflanze
schon ist.
Nun können wir jeden Tag schauen,
wie groß die Pflänzchen sind.*

Ein paar Tage später …

Für jedes der drei Pflanzen eines der
Grillspießchen in die Erde stecken.
Einen Strich auf das Holzstäbchen ein-
tragen auf Höhe der Pflanze.
Danach jeden Tag zusammen mit dem
Kind kontrollieren, wie weit die Pflänz-
chen schon gewachsen sind.

„Was fühle, höre, rieche, schmecke, sehe ich?"

Schon im Bauch der Mutter machen Babys Erfahrungen mit Sinneserlebnissen: Sie lernen Stimmen zu unterscheiden, sie lernen die verschiedenartigen Geschmäcke des Fruchtwassers kennen und trinken an süßen Tagen viel mehr davon, sie entdecken das rötliche Licht, das durch die Bauchdecke in ihr kleines Reich fällt.

Förderschwerpunkt Sinneswahrnehmung

Unter Sinneswahrnehmung verstehen wir die Fähigkeit mittels eines Organs (z.B. mit der Haut, mit den Ohren) Reize (z. B. Berührungen, Geräusche) aufzunehmen. Diese Reize werden über die Nervenleitungen ins Gehirn geleitet, verarbeitet und gelangen anschließend in unser Bewusstsein.

Mit den Sinnen orientieren wir uns in den unterschiedlichen Lebensvollzügen. Sie helfen uns, uns zu entspannen, uns wohlzufühlen, sie sprechen unsere Gefühle an. Wir alle nehmen unsere Umwelt über unsere Sinne wahr. Doch während wir schon aus unseren Erfahrungen wissen, wie eine Banane sich anfühlt, wie ein Stück Brot schmeckt oder wie eine Rose riecht, sind diese Dinge für Babys noch unbekannt. Für sie ist die Welt voller Wunder.

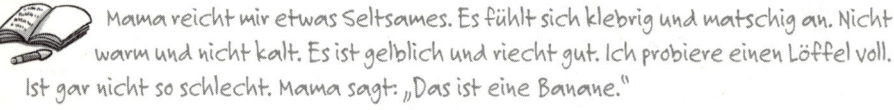

Mama reicht mir etwas Seltsames. Es fühlt sich klebrig und matschig an. Nicht warm und nicht kalt. Es ist gelblich und riecht gut. Ich probiere einen Löffel voll. Ist gar nicht so schlecht. Mama sagt: „Das ist eine Banane."

Sobald Gehirn, Nervenfasern und -zellen sowie die Sinnesorgane ausgebildet sind, kann ein Kind beginnen, seine Sinne zu benutzen. Es beginnt Reize aus seiner Umwelt aufzunehmen, die in elektrische Impulse entlang der Nervenfasern ins Gehirn befördert werden, wo sie in Wahrnehmung umgewandelt werden. Die Wahrnehmung bildet sich immer weiter aus. Schon in Mamas Bauch werden die eigentlichen Grundsteine gelegt. Bereits acht Wochen alte Embryos können fühlen. Kurze Zeit später bildet sich der Geschmackssinn aus, die Geschmacksknospen sehen schon so wie bei Erwachsenen aus. Bisher wurde angenommen, dass Riechen im Mutterleib nicht möglich sei, weil das Riechen von Atmen und Luft abhängt. Doch seit kurzem weiß man, dass das nicht stimmt. Schon im Mamas Bauch können die Kleinen das Fruchtwasser riechen, das durch ihre Nase (bildet sich zwischen der 11. und der 15. Woche aus) fließt. Mit etwa 18 Wochen beginnt ein Fötus zu hören, da sein inneres Ohr und die Nervenbahnen zum Gehirn nun ausgebildet sind. Und schließlich bildet sich auch das Sehen aus. Ab etwa der 26. Woche öffnet ein Fötus seine Augen und benutzt sie, um seine Umgebung zu untersuchen. Doch schon ab der 18. Woche kann das Ungeborene durch die nun ausgebildete Retina Lichtunterschiede wahrnehmen, etwa wenn die Sonne auf die Bauchdecke der Mutter scheint und die Umgebung so in ein rötliches Licht getaucht ist.

Geschichten und Spielvorschläge zur Sinneswahrnehmung

Fühlen, tasten, berühren, streicheln, ...
Der Fühl- oder Tastsinn ist, wir haben es schon erwähnt, der erste, den Babys erleben. Schon pränatal spüren und fühlen sie, was um sie herum geschieht. Es ist ein Sinn, der Geborgenheit besonders gut spüren lässt.

Praxisbeispiele:

* *Dinge sammeln* (ab 9 Monaten): Dem Kind ein Eimerchen geben, viele Dinge (unterschiedliche Farben und Oberflächen von Dingen fördern die Sinne) auf den Boden legen und Kind aufsammeln lassen.
* *Wasserspiele* (ab 12 Monaten): Eiswürfel im Wasser, Füllen, Umfüllen, was schwimmt?, wie klingen Gegenstände die ins Wasser fallen?, Moosgummifische an die Kacheln kleben.
* *Fingerfarben mischen* (ab 18 Monaten): Blau und Gelb mischen, die neue Farbe Grün wahrnehmen.
* *Fühlspaziergang* (ab 18 Monaten): Auf einem Spaziergang verschiedene Gegenstände anfassen - das Gras, die Erde, die Blätter, den Weg etc.
* *Sinnestage* (ab 20 Monaten): Einen Tag lang die Aufmerksamkeit auf einen Wahrnehmungskanal richten (z. B. Fühlen, Sehen oder Riechen).
* *Fühlbücher selber gestalten* (ab 24 Monaten): Blätter, Kartonstücke, Bänder, Textilien etc. in ein Heft einkleben.

Schmecken, riechen, …

Der Geschmacks- und der Geruchssinn sind bei Babys besonders gut ausgebildet. Ein Baby erschnuppert zum Beispiel Mamas Milch und erkennt sie am Geschmack.

Praxisbeispiele:

- *Augen zu* (ab 24 Monaten): Wenn das Kind dies möchte, mit geschlossenen Augen das Essen schmecken, im Garten stehen und riechen etc.
- *Wenn es regnet* (ab 18 Monaten): Regen hören, fühlen, riechen, schmecken, in Pfützen springen, Regen auf Dosen plantschen lassen …

Gerade weil wir alle immer und überall Sinneseindrücke erleben, lohnt es sich, ab und zu ganz gezielt inne zu halten und einen Reiz genauer zu untersuchen und zu erleben.

 *Papa und ich gehen spazieren. Es regnet ein wenig. Papa sagt: „Riech mal, wie frisch der Regen ist!"*

Eine zauberhaft sinnliche Mahlzeit

Eine Kochgeschichte rund ums Fühlen, Schmecken und Riechen
Ab 2 Jahre

Kochen ist schon für kleine Kinder ein sinnlich erlebbarer Riesenspaß, und wenn's dann auch noch so schmackhaft wie bei unseren Kostproben zugeht, steht dem Genuss nichts mehr im Wege.

Das brauchen Sie: 2-3 harte Brötchen, 300 g gehacktes Rindfleisch, 200 g Kalbsbrät, 1 Ei, 2 Zwiebeln, 1 halbe Tube Tomatenmark, Paprika, Koriander, Kümmel, 1 EL Butter
Räumliche Umgebung: Küche
Diese Geschichte vermittelt: Sinneserfahrungen, erstes Kocherlebnis und Verstehen von Zusammenhängen

Erzähltext

Heute kochen wir.

Es gibt leckere Fleischbällchen.
Zuerst waschen wir uns gründlich die
Hände.
Jetzt machen wir Brotbrösel.
Willst du das machen?
Nun geben wir 300 g gehacktes
Rindfleisch und 200 g Kalbsbrät in die
Schüssel.
Und geben noch ein Ei dazu.

Und nun kneten wir das Ganze gut
durch. Das fühlt sich ganz lustig an,
findest du nicht?
Wie riecht denn das Fleisch? Hast du
den Geruch gerne?
Nun hacke ich diese zwei großen Zwie-
beln klein.
Nun darfst du die Zwiebeln in die
Schüssel geben.

Bitte drücke nun die Hälfte des Tomaten-
marks in die Schüssel.

Gib nun etwas Paprikapulver, Koriander
und Kümmel dazu.
Nun kneten wir das Ganze nochmals
gut durch.
Dann formen wir kleine
Fleischbällchen.
Nun braten wir unsere
Fleischbällchen.

Regieanweisungen

Lassen Sie dem Kind Zeit, seine Freude
zu zeigen bzw. sich auf den Vorschlag
einzulassen.

Hände waschen.

Brot, Reibe und Schüssel vorbereiten.
Dem Kind helfen, das Brot zu reiben.
Rindfleisch und Kalbsbrät bereit stellen.
Das Kind darf das Fleisch in die Schüssel
geben.
1 Ei zurechtlegen.
Das Kind darf das Ei aufschlagen und in
die Schüssel geben.
Das Kind auf das Fühlen aufmerksam
machen.

2 Zwiebeln schälen und fein hacken.

Das Kind darf die Zwiebeln in die
Schüssel geben.
Eine Tomatenmarktube bereit legen.
Das Kind darf die Hälfte des Tubenin-
halts ausdrücken.
Gewürze vorbereiten.
Kind darf von jedem Gewürz ein paar
Prisen in die Schüssel geben.
Kind darf zusammen mit dem Erwach-
senen nochmals kneten.
Zusammen kleine Fleischbällchen formen,
dann gründlich die Hände waschen.
Erwachsener kümmert sich um das Bra-
ten, das Kind darf eventuell die Fleisch-
bällchen in der Pfanne wenden.

4.

Und jetzt kommt das Beste!　　　Tisch decken.
Wir dürfen die Fleischbällchen essen!
Wie schmeckt das?

Tipp: *Hausbrot* (Beilage zur Hauptspeise)
20 g frische Hefe, 5 dl Wasser, 500 g Ruchmehl (Vollkornmehl), 1 TL
Zucker, bei Bedarf 1/2 TL Salz. Zutaten vermengen und gut
durchkneten. Der Teig soll nicht mehr an den Fingern kleben.
Eine Stunde aufgehen lassen. Kurz durchkneten. Nochmals
etwa eine Stunde aufgehen lassen. Bei 220°C etwa 25-30
Minuten backen.

Nachspeise: *Honig-Aprikosen-Joghurt*
1 Naturjoghurt, 2-3 El Honig, (getrocknete) Aprikosen.
In ein Naturjoghurt 2-3 Löffel Honig einrühren. Schneiden Sie die getrockneten Aprikosen in kleine Stücke.
In den Honigjoghurt geben. Unterrühren. Joghurt in
kleine Schüssel verteilen und anrichten.

Mein Duftteller
Eine Geschichte rund um sinnliche Düfte
Ab 2 Jahre

Diese lustigen Teller sind ganz einfach herzustellen und eignen sich hervorragend
zur Verfeinerung des Geruchssinns.
Das brauchen Sie: einen weißen Teller; Filzstifte, deren Farbe durch Erhärten im
Backofen waschfest wird (den Teller nach Anleitung auf der Farbpackung im Backofen
backen); Duftgegenstände: Weizenkleie, Duftseife, Zimtstange, Minzeblätter, Rosen
Räumliche Umgebung: Tisch mit Zeitungen bedeckt
Diese Geschichte vermittelt: Sinne (besonders Riechen und Sehen), Spaß an
ersten kreativen Aktivitäten, Spaß am Sammeln von Duftgegenständen, Sprachent-
wicklung, z. B. Wortschatzerweiterung.

Erzähltext

Heute machen wir einen Duftteller.
Zuerst darfst du den Teller bunt bemalen.
So wie du es gerne hättest.
Nun suchen wir Sachen, die gut
riechen, und legen sie auf den Teller.
Ein wenig Weizenkleie.
Riecht das gut?

Ein Stückchen Duftseife.
Gefällt dir der Geruch?
Eine Zimtstange.
Riech mal.
Einige Blätter Pfefferminze.
Riech mal. Riecht toll, nicht?
Besonders wenn du es zwischen den
Fingern verreibst.
Nun ist unser Teller schon fast voll.
Ein paar Rosenblüten passen noch drauf.
Die riechen aber gut, findest Du nicht?
Was meinst du?
Sieht dein Duftteller jetzt schön aus … ?

Regieanweisungen

Teller zeigen.
Dem Kind die Filzstifte geben. Bei Bedarf
zeigen, wie man sie benutzen kann.
Zusammen zu den Duftsachen gehen.

Das Kind darf anfassen.
Schnuppern lassen. Kind darf sagen, ob
ihm der Geruch gefällt oder nicht.
Wenn es mag, darf es die Kleie auf den
Teller geben.
Wie oben.
Wie oben.
Wie oben.
Wie oben.
Wie oben.
Wie oben (dazu zeigen, wie man die
Blätter verreiben kann).

Auf den vollen Teller zeigen.
Kind darf die Rosenblätter beschnup-
pern und über den Teller streuen.
Kind fragen, Teller anschauen und
sprechen lassen.
Kind für die tolle Arbeit loben.

Sehen und hören …

Ich bin gerade aufgewacht und liege in meinem Bettchen. Ich horche. Sind Papa und Mama schon wach? Nein, ich höre nichts. Doch, da ist etwas: Die Vögel zwitschern und singen und ein Hund bellt. Ah, jetzt höre ich die Kaffeemaschine. Also sind Papa und Mama doch wach.

Schon in der Kleinkinderzeit bilden sich Seh- und Hörsinn zu den wichtigsten Sinnen aus. Sie vermitteln uns viele Informationen über unsere Umwelt.

4.

Praxisbeispiele:

- *Die verstecken Dinge* (ab 6 Monaten): Dinge verstecken, z. B. unter einer Decke, und das Kind sucht sie. Für die ganz Kleinen die Dinge noch halb herausgucken lassen.
- *Eins ist anders* (ab 18 Monaten): Ein Blatt mit ganz vielen roten Marienkäferchen/Fischen/Vögel/Punkten bemalen, nur ein Marienkäferchen ist grün. Siehst du es?
- *Beobachtungsröhre* (ab 18 Monaten): Kartonrollen auf einer Seite mit Cellophan-Papier (weiß oder farbig) bekleben. Durchgucken. Man kann auch zwei Schichten Papier aufkleben und dazwischen kleine Perlen, Pailletten etc. einfügen.
- *Schattenspiele* (ab 24 Monaten): In einen Kartonschachteldeckel kleine Muster, Punkte, Sternchen etc. einschneiden. Farbiges Transparentpapier auf der Rückseite des Deckels aufkleben. Eine Taschenlampe unter dem Deckel anknipsen und beobachten. Was siehst Du?
- *Zauberbilder* (ab 24 Monaten): Variante a) Ein Blatt Papier mit Wachskreide bunt bemalen. Eine zweite Schicht nur mit schwarzer Wachskreide darüber malen. Mit einer Stricknadel (nicht zu spitz) Motive einritzen. Die Farben leuchten prächtig aus dem schwarzen Vordergrund. Variante. b) Das Papier auf einen Baumstamm legen. Mit einem flach gehaltenen Wachsmalstift nicht zu fest darüber fahren, so dass man das Rindenmuster sieht.
- *Lauf und Stopp* (ab 18 Monaten): Durch das Wohnzimmer oder draußen gehen, bis die Bezugsperson Stopp ruft (oder die Musik aufhört). Wieder gehen, wieder stoppen.
- *Wo ist der Wecker?* (ab 24 Monaten): Einen laut tickenden Wecker verstecken. Das Kind soll ihn anhand des Geräusches suchen.
- *Ich höre den Wind* (ab etwa 20 Monaten): Ganz still stehen und den Geräuschen lauschen (Wind, Auto auf der Strasse, bellender Hund, spielendes Nachbarskind etc.). Mit geschlossenen Augen ergibt es noch intensivere Eindrücke.
- *Geräusche nachahmen* (ab etwa 18 Monaten)
- *Das seltsame Pferd* (ab 24 Monaten): Pferd imitieren (Haltung etc.), aber dabei wie eine Katze miauen etc.

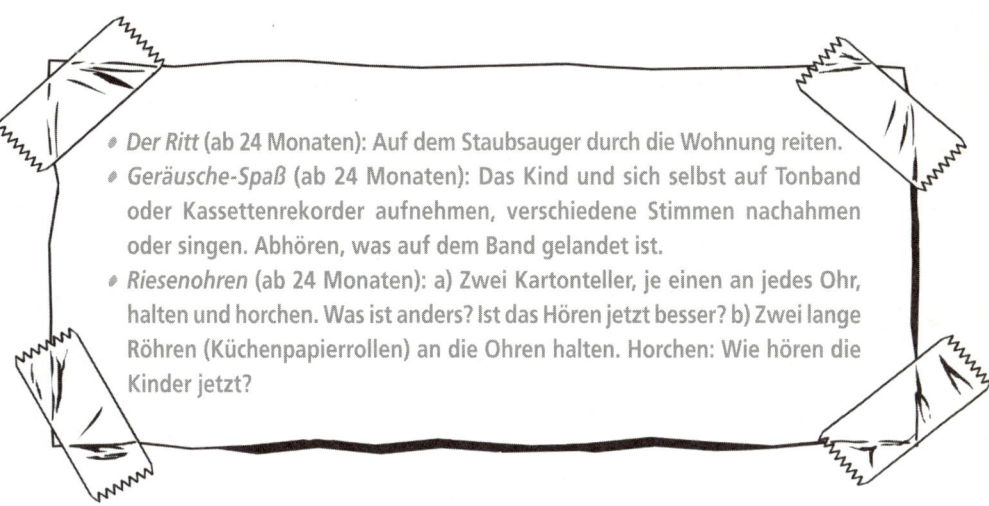

- *Der Ritt* (ab 24 Monaten): Auf dem Staubsauger durch die Wohnung reiten.
- *Geräusche-Spaß* (ab 24 Monaten): Das Kind und sich selbst auf Tonband oder Kassettenrekorder aufnehmen, verschiedene Stimmen nachahmen oder singen. Abhören, was auf dem Band gelandet ist.
- *Riesenohren* (ab 24 Monaten): a) Zwei Kartonteller, je einen an jedes Ohr, halten und horchen. Was ist anders? Ist das Hören jetzt besser? b) Zwei lange Röhren (Küchenpapierrollen) an die Ohren halten. Horchen: Wie hören die Kinder jetzt?

Sehen und Hören ermöglichen uns auch den Zugang zu Geschichten und Büchern.

Ich liebe es, wenn Mama und ich uns Bilderbücher anschauen. Da gibt es so schöne Farben. Und Mama hat dann ihre Erzählstimme, das finde ich toll. Doch heute ist etwas ganz Besonderes geschehen: Zum ersten Mal habe ich in den Farben, in der flachen Form ein dreidimensionales Objekt wahrgenommen. Dieser gelbe Fleck ist gar kein Fleck, es ist eine Ente. Genau wie die, die ich in der Badewanne habe. Ich habe ganz aufgeregt auf das Bild gezeigt.

Winzig klein
Eine Spielgeschichte rund um die Wahrnehmung von Größe. Ab 9 Monate

Sobald das Baby den Pinzettengriff beherrscht, kann es „Winzig klein" spielen. Ganz kleine essbare Dinge darf das Baby auch in den Mund stecken. Für kleine Kinder verträgliche Essgegenstände vor das Baby legen. Es übt sich gerne darin, solche winzigen Dinge aufzusammeln. Aber Achtung: Lassen sie Kind damit nicht alleine und achten sie immer auf Sicherheit.

Das brauchen Sie: ein paar gekochte Teigwaren, Brot, gekochter Reis
Räumliche Umgebung: am Esstisch
Diese Geschichte vermittelt: Sinne werden angesprochen (besonders Fühlen und Schmecken), Feinmotorik, erstes Verstehen von Zusammenhängen

Erzähltext	Regieanweisung
Schau mal, wie klein das ist!	Auf eine gekochte Teigware zeigen. Kind darf sie anfassen, untersuchen und sich in den Mund stecken.
Uui, das ist ja noch kleiner!	Auf ein Stückchen Brot zeigen. Sonst wie oben.
Und das ist ja ganz winzig!	Auf ein gekochtes Reiskorn zeigen. Sonst wie oben.

Der Löffel klirrt so schön

Eine Spielgeschichte rund um Geräusche, Essen und Fühlen
Ab 12 Monaten (oder dann wenn das Kind alles auf den Boden wirft, um herauszufinden, wie es klingt)

„Die Banane klirrt so schön" ist eine Geschichte zu ersten physikalischen Erfahrungen. Das Kind entwickelt seine Sinne und kann auf spielerische Weise eine Banane nicht nur essen, sondern auch hören, fühlen und begreifen lernen.

Das brauchen Sie: einen unzerbrechlichen Teller, einen unzerbrechlichen Becher, einen Löffel, ein Stück Brot, eine Banane

Räumliche Umgebung: einen Hochstuhl, einen Tisch und eine leicht zu säubernde Unterlage

Diese Geschichte vermittelt: Sinneserfahrungen (besonders Hören und Fühlen), Spaß an ersten physikalischen Versuchen, erstes Verstehen von Zusammenhängen.

Erzähltext	Regieanweisungen
	Kind sitzt im Hochstuhl. Auf dem Tisch sind eine Banane, ein Stück Brot, eine Möhre und ein Löffel, ein Babyteller und ein Becher. Das Kind darf zuerst den Babyteller anschauen, betasten, in den Mund stecken etc.
Wie klingt das? Das war laut.	Den Teller auf den Boden fallen lassen und horchen, welches Geräusch er verursacht. Nun kommt der Becher an der Reihe. Dem Kind wieder Zeit lassen, den Becher zu untersuchen.
Und wie klingt das? Das war ein bisschen weniger laut.	Den Becher auf den Boden fallen lassen und horchen, welches Geräusch er verursacht.

	Dem Kind einen Löffel geben, damit es diesen untersuchen kann.
Und jetzt, wie klingt das? *Das fand ich ziemlich laut.*	Den Löffel auf den Boden fallen lassen und horchen, welches Geräusch er verursacht.
	Dem Kind eine Möhre geben, damit es diese untersuchen kann.
Und das? *Das war nicht sehr laut.*	Die Möhre auf den Boden fallen lassen und horchen, welches Geräusch sie verursacht.
	Dem Kind ein Stück Brot geben, damit es dieses untersuchen kann.
Und dann das? *Das war ganz leise.*	Das Stück Brot auf den Boden fallen lassen und horchen, welches Geräusch es verursacht.
	Das Kind darauf aufmerksam machen, dass man beim Aufschlagen fast nichts hört.
	Die Banane zusammen mit dem Kind schälen. Dem Kind ein Stückchen Banane geben, damit es dieses untersuchen, zermatschen etc. kann.
Und schließlich das noch? *Das war ganz, ganz leise.*	Das Kind darf die zermatschte Banane auf den Boden fallen lassen und auf das Geräusch horchen.
Klirr – der Löffel klirrt so schön. *Die Banane klirrt nicht.* *Hast du gehört?* *Die Banane klingt anders.*	Das Kind lässt noch einmal den Löffel fallen. Es lässt noch einmal Banane fallen.

Zusatzaktivität: *Wie klingt das?* Gegenstände auf den Boden, auf eine Zeitschrift oder auf Gras fallen lassen und auf die unterschiedlichen Klänge hören.

Fühlen ist wichtig

Ich liebe es, wenn mich Mama oder Papa massieren. Ich entspanne mich. Ich fühle mich gut, geborgen und geliebt. Ich spüre meine Arme, meine Beine, meinen Bauch, meinen Rücken, meine Hände und Füße. Ganz sanft.

Frédérick Leboyer, der Vater der sanften Geburtsmedizin, sagte: „Berührt, gestreichelt, massiert werden, das ist Nahrung für das Kind. Nahrung, die genau so wichtig ist wie Mineralien, Vitamine und Proteine. Nahrung, die Liebe ist." Körperkontakt ist für Babys sehr wichtig. Doch während Eltern das meist ohne Scheu machen, fällt dies Erzieherinnen und Tagesmüttern manchmal schwer. Dabei ist das Fühlen und Berühren für Kinder besonders wichtig. Schon ein liebevolles Füßchenstreicheln stärkt die Beziehung, vermittelt dem Kind Geborgenheit und schafft Vertrauen. Das Kind lernt, sich zu spüren und zu entspannen.

Wie können Sie Ihr Kind im Alltag das Fühlen entdecken lassen?

* (in der Situation – nicht vor oder nachher) auf die *haptischen Aspekte* von Gegenständen aufmerksam machen: „Nun ziehen wir den flauschigen Pulli an."
* Auf *Wärme* bzw. *Kälte* aufmerksam machen: „Fühlst du, wie kalt diese Fliese ist?"
* Auf *weitere haptische Reize* aufmerksam machen: „Fühl mal die raue Zunge der Katze, wenn sie dich leckt." oder: „Fühl mal, wie zart deine Hände über deine Wangen streicheln können."
* Tastmemory (ab 36 Monaten): Je zwei gleiche Objekte (leichtere Variante) oder Gegenstände mit einer ähnlichen Oberfläche (schwierigere Variante) auswählen. In Säcke füllen. In je zwei Säcke greifen und entscheiden, ob der Inhalt gleich ist oder nicht.
* Sandwanne einrichten (ab 24 Monaten): Das Kind mit den Fingern, mit Stäben, mit Kämmen, mit Autos etc. Sandbilder malen lassen. Zur unterschiedlichen Wahrnehmung kann man auch mal im nassen Sand spielen oder den Sand an der Sonne aufwärmen oder im Kühlschrank kaltstellen.

Das Seifenblasenbad

Eine Geschichte rund um Fühlen, Sehen und Staunen
Ab 12 Monate

Eine entspannende Geschichte, bei der das Kind zuhören, sich wiegen lassen, beobachten, fühlen, sehen und staunen kann.

Das brauchen Sie: ein kleines Spritztier, ein Wasserspielzeug, eine leere Flasche und ein Eimerchen, Schaumbadeseife, eventuell eine Gummiente

Räumliche Umgebung: Badewanne

Diese Geschichte vermittelt: Sinne (besonders Fühlen und Sehen), Spaß an Wasserspielen, erstes Verstehen von Zusammenhängen

Erzähltext	Regieanweisungen
In meiner Badewanne habe ich viel zu tun.	Das Kind ist in der Badewanne.
In meiner Badewanne kann ich plantschen.	Das Kind darf in der Badewanne plantschen. Zeigen Sie ihm, wie es mit der Hand (sanft) auf das Wasser schlagen kann und wie es mit den Füssen strampeln kann, um das Wasser in Bewegung zu versetzen.
In meiner Badewanne kann ich spritzen.	Geben Sie dem Kind ein kleines Spritztier. Zeigen Sie ihm, wie es gegen die Badewannenwand oder ins Wasser spritzen kann.
In meiner Badewanne kann ich spielen.	Das Kind hat ein Spielzeug. Lassen Sie das Kind das Spielzeug entdecken.
In meiner Badewanne kann ich tauchen.	Wenn das Kind möchte, darf es unter Wasser tauchen. Sonst macht es z. B. die Spielzeugente.
In meiner Badewanne kann ich gießen.	Geben Sie dem Kind eine Flasche und ein Eimerchen. Lassen Sie das Kind Wasser einfüllen und umfüllen.
In meiner Badewanne kann ich kleben.	Geben Sie dem Kind verschiedene Tierformen aus Schaumgummi. Kind klebt die Tiere an den Wannenrand. Sie haften von alleine.
In meiner Badewanne kann ich Schaum machen.	Geben Sie Badeseife ins Wasser und machen Schaum. Kind darf ebenfalls Schaum machen, wenn es möchte.
In meiner Badewanne kann ich fühlen.	Das Kind darf den Schaum streicheln, ertasten, übers Gesicht laufen lassen, …
In meiner Badewanne kann ich staunen.	Machen Sie ein paar Schaumseifenblasen. Lassen Sie Ihr Kind staunend den Blasen zugucken.

Meine Hände fühlen

Eine Geschichte rund ums Fühlen, Tasten, Nachahmen, Sprechen und
Rhythmus erleben.
Ab 12 Monate

Sprechen diese Geschichte rhythmisch und stellen Sie die Vorgänge pantomimisch
dar, z. B. die Art, wie wir „Pff, pff – heiß" sagen und dabei eine Hand schütteln. Die
Kinder ahmen dies nach und sprechen mit der Zeit die Ausrufe (brr, pff). Zeitgleich
dürfen die Kinder etwas Warmes, Kaltes etc. anfassen und die Begriffe so erleben.
Das brauchen Sie: etwas Kaltes, Warmes, Kleines, Kuscheliges, (Glitschiges, Kle-
briges, Matschiges, Flüssiges, Grosses, Kleines, Schweres, Leichtes)
Räumliche Umgebung: Hochstuhl, Tisch und leicht zu säubernde Unterlage
Diese Geschichte vermittelt: Sinneserfahrungen (besonders Fühlen), erstes Ver-
stehen von Zusammenhängen

Erzähltext	Regieanweisungen
Da kommen meine Hände.	Hände kommen (zeitgleich sprechen) hinter dem Rücken hervor.
Fühl mal!	Dem Kind etwas Kaltes zum Fühlen geben, z. B. einen Eiswürfel.
Brr, brr, das ist kalt.	Stellen Sie die Kälte dar.
Da sag ich lieber Halt.	Machen Sie ein Haltzeichen.
Fühl mal!	Dem Kind etwas Warmes zum Fühlen geben, z. B. ein frischgebackenes Stück Brot.
Pff, pff, das ist warm.	Stellen Sie die Wärme dar
Da schlag ich gleich Alarm.	Spielen Sie Alarmschlagen.
Fühl mal!	Geben Sie dem Kind etwas Kuscheliges zum Fühlen, z. B. ein Plüschtier.
Ah, ist das zart und weich!	Spielen Sie typische Bewegungen und Gesichtsausdrücke, wenn wir etwas Zartes, Kuscheliges anfassen.
Das will ich an mich drücken gleich.	Drücken Sie das Kuscheltier an sich. Geben Sie es dem Kind, damit es das Tierchen ebenfalls an sich drücken kann.

Hier endet die Geschichte für die jüngeren Kinder.
Ab 2,5-3 Jahren kann die Geschichte so weiter gehen.

Fühl mal! *Das ist glitschig …*	Geben Sie dem Kind etwas Glitschiges zum anfassen, etwa ein Stück nasse Seife. Lassen Sie dem Kind Zeit, den Gegenstand zu untersuchen, zu betasten etc. Dies bei jedem neuen Gegenstand tun.
und das ist klebrig,	Geben Sie dem Kind etwas Klebriges, etwa einen Löffel Honig oder etwas Leim.
das ist matschig	Geben Sie dem Kind eine Banane, die es zermatschen darf.
und das ist flüssig. *Miss mal!*	Geben Sie dem Kind zwei Gefäße, eines ist voll Flüssigkeit. Lassen Sie dem Kind Zeit, die Flüssigkeit zu untersuchen, anzufassen, auszugießen etc.
Wow, das ist groß, *wirklich grandios.*	Geben Sie dem Kind einen großen Gegenstand, etwa ein riesiges Kissen. Stellen Sie „so groß" pantomimisch dar und animieren Sie das Kind. dies nachzuahmen. Stellen Sie „grandios" dar (z.B. Daumen hoch).
Und das ist klitzeklein, *wie ein winzig' Bienelein.*	Geben Sie dem Kind einen sehr kleinen Gegenstand, etwa ein Reiskorn. Stellen Sie „klein" dar.
Das ist schwer, kann es *gar nicht heben sehr.*	Gegen Sie dem Kind einen schweren Gegenstand, z. B. eine volle Plastikwasserflasche. Stellen Sie pantomimisch „schwer" dar. Animieren Sie ihr Kind, zu versuchen den Gegenstand zu heben und selbst zu spüren, was „schwer" bedeutet.
Und das ist federleicht, *Ein Gramm vielleicht.*	Gegen Sie dem Kind etwas sehr Leichtes aber nicht Kleines, z. B. eine Feder. Stellen sie „leicht" dar, blasen Sie die Feder in die Luft etc. Animieren Sie das Kind, selber auszuprobieren, was leicht ist.
Hast du gefühlt? *Das alles können meine* *Hände!*	Halten Sie einen Finger in die Luft. Fahren Sie sich über die Hände. Bei „Das alles" machen Sie eine umgreifende Bewegung, bei „meine" zeigen Sie auf sich selber und bei „Hände" halten Sie ihre Hände in die Luft.

„Ich bin manchmal froh und manchmal traurig ..."

Schon in Mamas Bauch sind Gefühle vorhanden: Angst bei einem plötzlichen, lauten Geräusch oder Wohlsein bei einer sanften Massage durch die Bauchdecke. Noch viele andere Gefühle kommen im Laufe der Jahre dazu. Babys müssen in kleinen Schritten lernen, ihre Gefühle zu erkennen und auszudrücken, die Gefühle anderer zu verstehen und mit ihren Gefühlen umzugehen. Keine leichte Aufgabe. Bis Kinder allerdings in der Lage sind, ihre Gefühle verlässlich selbstständig zu regulieren, dauert es Jahre. Unkontrollierte Wut- und Trotzanfälle sind zum Teil noch bis zum fünften Lebensjahr zu beobachten (vgl. Chr. Merz/ H. Schmidt, Lernschritte ins Leben. Herder: Freiburg 2007, S. 31).

Förderschwerpunkt Emotionale Entwicklung

Freude, Trauer, Wut, Ekel, Überraschung, Angst, Liebe ... Gefühle (Emotionen) gibt es viele. Instinktiv wissen wir, was Gefühle sind, sie zu beschreiben ist schwieriger. Durch unsere Gefühle fühlen wir uns lebendig. Gefühle sind affektive, innere Zustände, die ziemlich komplex und dauerhaft sind. Sie sind mit Stimmungen, Wahrnehmungen und Erinnerungen verbunden. Gefühle dauern manchmal nur den Bruchteil einer Sekunde, können aber sehr nachhaltig sein. Paul Ekman, ein Forscher, fand heraus, dass wir Menschen über 7000 verschiedene Gesichtsmuskelverbindungen verfügen. Das lässt eine Menge Gesichtsausdrücke zu und trotzdem sind wir in der Lage die unterschiedlichsten Formen des Mienenspiels zu erkennen. Wenn wir glücklich oder traurig, wütend oder erstaunt sind, drückt unser Gesicht diese Gefühle aus. Gleichzeitig geschehen in unserem Körper Veränderungen: das Herz schlägt schneller, wir werden rot (das Blut schießt ins Gesicht), wir atmen schneller oder langsamer, wir können uns nicht mehr bewegen oder fangen an zu zittern. Auch in unserem Gehirn geschehen messbare Veränderungen. Das, was wir intensiv fühlen und erleben, was uns beeinflusst, hinterlässt oft tiefe Spuren in unserem Inneren.

Manche Emotionen sind von Geburt aus (oder sogar schon in Mamas Bauch) vorhanden, andere erlernen wir. Wir lernen durch unser Umfeld, durch unsere Erlebnisse. Daher sind Gefühle für jeden von uns andersartig.

 Wenn Mama mit mir spazieren geht und ich plötzlich weine, hält sie inne. Mein Weinen führt auch zu Veränderungen in ihrem Körper. Sie beugt sich zu mir, schaut, was ich habe und tröstet mich. Wenn aber mein Onkel und meine Tante, die keine Kinder haben, bei uns zu Besuch sind, und ich weine, brechen sie meist ganz schnell auf.

Kinder lernen sehr früh, dass bestimmte Reaktionen auf ihre Emotionen folgen: wenn sie weinen, werden sie getröstet, wenn sie bockig sind, ins Kinderzimmer geschickt. Kinder lernen von ihren Bezugspersonen. Die Gefühle unserer Kinder sowie unsere eigenen verändern sich ständig. Die Freude, die wir heute verspüren, setzt sich aus allen schon gefühlten freudigen Erlebnissen zusammen. Darum sind Gefühle individuell und lassen uns das eigene Ich sehr gut spüren.

Mama rennt hin und her. Sie rennt in die Küche und werkelt. Dann rennt sie zum Tisch und legt ein paar Teller auf. Für mich hat sie gar keine Zeit. Dabei rufe ich doch. Wieso spielt sie nicht mit mir?

In den ersten Lebensmonaten sind kleine Kinder von den Gefühlen ihrer Bezugspersonen geprägt: Sind diese froh, sind sie es auch, sind sie gestresst, sind sie es auch. Doch mit der Zeit entdecken sie mit einer Mischung aus Angst, Erstaunen, Freude und Stolz, dass sie eigenständige Persönlichkeiten sind. Gefühle helfen ihnen dabei sehr. Mit etwa neun Monaten drücken sie schon eine Vielfalt von Gefühlen aus und merken nach und nach, dass die Bezugspersonen nicht zwingend dieselben haben. Sie begreifen aber noch nicht, dass ihre Gefühle Einfluss auf andere haben. Sie beginnen Angst zu zeigen: Angst vor fremden Menschen, vor unbekannten Sachen. Sie zeigen, dass sie gewisse Aktivitäten und Dinge nicht (mehr) wollen. Sie zeigen erste humoristische Seiten. Mit etwa eineinhalb Jahren benutzen Kinder ihr Mienenspiel, um Gefühle auszudrücken, und sie beginnen mit anderen mitzufühlen. Sie begreifen allmählich, dass Verhaltensweisen Folgen haben. Ab etwa zwei Jahren kann das Kind einige Gefühle benennen.

Ich will mir die Socken selber anziehen. Aber es will und will mir einfach nicht gelingen. Ich werde wütend und schreie los.

Zwei- bis Dreijährige zeigen sich eifersüchtig, wenn andere Kinder beachtet werden. Sie teilen nicht gerne, wollen das letzte Wort haben und den letzten Klotz hinlegen. Sie freuen sich, wenn sie Ziele erreicht und lieben es, diese Freude mit den Bezugspersonen zu teilen.

61

Wenn Sie das Kind einfühlend begleiten, fühlt es sich angehört, unterstützt, ernst genommen, akzeptiert und anerkannt. Es findet in Ihnen eine stabile Persönlichkeit, auf deren Unterstützung es zählen kann. Es besitzt die wichtigen Grundlagen zur Entwicklung von Selbstsicherheit und Ausgeglichenheit.

Eigene Gefühle zuerst wahrnehmen und – in einem zweiten Schritt – ausdrücken: Es hilft Ihren Kindern sehr, wenn Sie sich zuerst Zeit nehmen, in sich hineinzuhorchen. Wenn Sie sich klarer über Ihre Gefühle geworden sind, können Sie Ihren Kindern besser helfen, ihre eigenen Gefühle wahrzunehmen.

Gefühle bewusst wahrnehmen: Gefühle befinden sich nicht nur als Mienenspiel auf unserem Gesicht, als Impuls in unserem Gehirn oder zeigen sich nicht nur als Verhalten unseres Körpers. Wenn wir tief berührt einem Musikstück lauschen oder im Fußballstadion mitfiebern, ist das nicht ein simples „Das ist schön oder aufregend". Es ist mehr. Es ist etwas, das tief in unserem Inneren geschieht. Schon kleine Kinder kann man darauf aufmerksam machen.

Geschichten und Spielvorschläge zur emotionalen Entwicklung

Praxisbeispiel: Ich fühle, fühle, fühle ein Gefühl
(ab 30-36 Monaten)

Fragen Sie sich und später das Kind: „Was geschieht jetzt in dir innen?" oder „Wie fühlst du dich jetzt?". Lesen Sie ein Buch zusammen: „Wow! Das finde ich sehr spannend. Ich bin ganz aufgeregt. Das fühlt sich wie ein Spannen in meiner Brust an. Und bei dir?". Oder: „Auf diesem Karussell (auf dieser Rutschbahn, ...) habe ich ein wenig Angst bekommen. Das fühlt sich wie eine große stachelige Kugel in meinem Bauch an. Und wie geht es dir?". Oder: „Diese Geschichte ist traurig. Ich fühle einen Kloß im Hals. Wie fühlst du dich?".

Ich habe Spaß beim Gefühlerkennen
Eine Spielgeschichte rund um Lachen, Weinen, Zorn und Ekel
Ab 9 Monate

Material: Fotos oder Illustrationen von verschiedenen kindlichen Gesichtsausdrücken
Räumliche Umgebung: überall
Diese Geschichte vermittelt: Verstehen von Gefühlen und Mimik

Erzähltext	Regieanweisungen
Schau, dieses Kind hier fühlt sich glücklich. Es lacht.	Auf das entsprechende Gesicht zeigen. Auf den Mund zeigen, die Mundwinkel sind nach oben gerichtet.
Dieses Kind hier fühlt sich traurig. Es weint. Hier siehst du die Tränen.	Auf die Tränen zeigen.
Dieses Kind hier ist zornig. Schau mal wie sein Mund ist. Und schau Dir seine Augen an.	Auf den verbissenen Mund und die zornigen Augen (Augenbrauen nach unten) zeigen.
Dieses Kind ekelt sich. Schau wie es den Mund verzieht.	Auf den Mund zeigen.
Dieses Kind ist ängstlich. Es hält die Hände vors Gesicht.	Auf die Körperhaltung hinweisen.
Dieses Kind ist überrascht. Seine Augen und sein Mund sind weit offen.	Auf die Augen und den Mund zeigen.

Variante für Kinder ab etwa 3-4 Jahren: Bitten Sie das Kind, das Gefühl zu nennen, das es auf dem Bild erkennt und einen kleinen Satz dazu zu sagen. Zum Beispiel: „Ich fühle mich glücklich, wenn ich mit Mama und Papa in den Zirkus darf." Oder: "Fröhlich bin ich, wenn ich mich gut fühle". Helfen Sie, wenn das Kind keine Worte findet. Lassen Sie das Kind von Situationen erzählen, wo es sich glücklich oder zornig gefühlt hat. Drängen Sie das Kind nicht, wenn es nicht über sich sprechen will; seine Gefühle gehören ihm. Wenn es weiß, dass es über seine Gefühle sprechen darf, aber nicht muss, wird es dies bei Bedarf umso lieber tun. Erzählen Sie in der Zwischenzeit – ohne zu übertreiben – von Ihrer Gefühlswelt. Früher oder später wird Sie das Kind imitieren.

Die Gefühle des Kindes wahrnehmen

Emotionen und Gefühle kann man sehen: Wer glücklich ist, strahlt. Die Mundwinkel zeigen nach oben, die Augen leuchten, diejenige Person redet viel, mit einer fröhlichen Stimme und bewegt sich viel. Achten Sie auf die Zeichen des Kindes: Wie spricht es, wie ist sein Gesichtsausdruck, wie die Stimmlage, wie die Körperhaltung?

Die Gefühlsturnstunde

Eine Bewegungsgeschichte rund um Freude, Glück und Angst. Ab 24 Monaten

Räumliche Umgebung: großer Raum
Hinweis: Diese Aktivität kann gut in der Gruppe stattfinden.
Diese Geschichte vermittelt: Verständnis für Emotionen, Spaß an Bewegung und interaktiven Spielen, Gefühlswortschatzerweiterung

Erzähltext	Regieanweisungen
Zuerst gehen wir, als ob wir sehr, sehr traurig wären. Unsere Schultern hängen runter. Unser Kopf ist nach unten gerichtet. Wir bewegen uns ganz langsam und gebeugt.	Trauer darstellen: Da die Begriffe für ein 2 Jahre altes Kind recht schwierig sind, sollte die Bezugsperson das Gefühl sehr gut darstellen und dies dem Kind vormachen.
Nun hüpfen wir vor Freude.	Freude darstellen.
Wir gehen schnell. Unser Körper ist aufgerichtet, der Kopf geradeaus.	
Nun rennen wir hin und her, wir sind aufgeregt.	Aufgeregtes Verhalten darstellen.
Achtung, nun sind wir sehr vorsichtig und schmeißen auf unserem Weg nichts um.	Vorsichtiges Verhalten darstellen.
Nun sind wir wütend. Wir stampfen auf dem Boden und machen schwere, laute Schritte.	Wut darstellen.
Jetzt sind wir ängstlich. Wir trippeln. Machen ganz kleine Schritte und blicken auf den Boden.	Ängstliches Verhalten darstellen.
Und schließlich legen wir uns wie ganz müde Leute schlafen.	Müdigkeit darstellen: Auf den Boden legen und sich schlafend stellen.

Die Gefühle des Kindes akzeptieren

Speisen Sie das Kind nicht mit einem trockenen „Mach doch nicht so ein Theater!" ab, wenn es beim Puzzeln wütend schreit, weil es einfach nicht gelingen will. Erkennen Sie sein Gefühl von Ohnmacht, seine Frustration und seine Erregung an.

 *Ich weine, weil das Puzzle einfach nicht gelingen will. Mama sagt: „Ja, das ist wirklich frustrierend, wenn einem etwas nicht gelingen will, nicht wahr?"*

So erhält das Kind die Möglichkeit, sich auszudrücken und begreift, dass Ihnen seine Gefühle wichtig sind. Sie zeigen dem Kind, dass Sie es wirklich gern haben, wenn Sie ihm aufmerksam zuhören, Beachtung schenken, ihm Grenzen setzen und auffordern, sie einzuhalten, ihm Alternativen aufzeigen („Statt zu schreien/dich aufzuregen, sag lieber ..."). Wenn Sie die Gefühle des Kindes akzeptieren, spürt das Kind, dass Ihre Zuwendung nicht von seinen Handlungen und Gefühlen abhängig ist. Das Kind ist nicht identisch mit seiner Tat oder seinen Emotion. Das Kind soll spüren, dass Sie es immer gern haben. Wenn es seine Angst/Wut/... nicht ausdrücken darf, aus Angst Ihre Zuwendung zu verlieren, unterdrückt es die ungeliebten Gefühle. So können negative Zustände wie Angst, Stress, Unzufriedenheit, ... entstehen.

Der schüchterne Löwe und die mutige Maus
Eine Theatergeschichte rund um Mut und Schüchternheit
Ab 24 Monate

Das brauchen Sie: Mäuse-Handpuppe, Löwen-Handpuppe.
Hinweis: Für die Mäuse-Handpuppe eine graue Socke mit zwei Styropor-Kugeln als Augen verwenden. Schnurrbarthaare aus Wolle aufnähen. Für die Löwen-Handpuppe eine sandfarbene Socke und Styropor-Kugeln als Augen. Löwenmähne aus Wolle oder Filz aufnähen. Bei beiden Handpuppen werden Nase und Mund mit der Hand in der Socke gestaltet.
Räumliche Umgebung: überall
Diese Geschichte vermittelt: Verständnis für Emotionen, Spaß an ersten Theaterstücken, Rollenspiel, Smalltalk

65

Erzähltext	Regieanweisungen
Das ist die mutige Maus.	Die Mäuse-Handpuppe zeigen.
Und das ist der schüchterne Löwe.	Die Löwen-Handpuppe zeigen.
„Hallo, ich bin die kleine Maus und du?"	Der kleine Löwe versteckt sich, sobald ihn die Maus ansieht. Aus seinem Versteck heraus beobachtet er die kleine Maus. Sie bäckt kleine Sandkuchen. Nach einer Weile kommt er hervor, zittert aber vor Angst.
„Hallo, ich bin der Löwe. Was machst du?"	Ganz leise sprechen.
„Ich mache Sandkuchen.	Die kleine Maus zeigt ihm, was sie macht.
Willst du auch welchen machen?"	
„Ist das nicht gefährlich?"	Der Löwe fragt ängstlich.
„Nein, es ist lustig.	Die kleine Maus spricht mit beruhigender
Komm mach mit."	Stimme.
„Also, gut."	Der Löwe entscheidet sich mitzumachen. Nach einer Weile hat der Löwe ganz vergessen ängstlich und schüchtern zu sein. Maus und Löwe amüsieren sich prächtig.

Die beobachteten Gefühle verbalisieren

Ein kleines Kind drückt sich noch stark durch Weinen oder Schreien aus: wenn es müde oder hungrig ist, aber auch wenn es Zuwendung oder Nähe braucht. Es liegt an Ihnen, sein Weinen zu entschlüsseln und ihm zu helfen, sich nach und nach durch Worte oder Zeichen auszudrücken (eine schöne Art der Frühkommunikation wird in dem Buch „Baby Signs" von Linda Acredolo und Susan Goodwyn vorgestellt). Dabei helfen Beobachten, Zuhören und Verbalisieren:

- *Beobachten Sie das Kind:* Was tut es, was tut es nicht, wie sieht es aus, wie verhält es sich etc.?
- *Hören Sie dem Kind wirklich zu:* Auch wenn Ihnen das Erlebnis banal erscheint, hören Sie dem Kind einfühlsam zu. Achten Sie auf sein inneres Erlebnis, auf seine Gefühle. Gefühle sind nie banal.
- *Verbalisieren Sie für das Kind:* Indem Sie das Kind beobachten, lernen Sie ihre Gestik und Mimik wirklich zu sehen, seine Handlungen und Ausdrucksweisen wirklich zu beachten. Sie beobachten: „Ah, das Kind bewegt sich viel und schnell, redet viel und laut, seine Mundwinkel sind nach oben gezogen, die Augen glänzen." Fas-

sen Sie in Worte, was Sie sehen. Zum Beispiel so: „Ich sehe, du rennst viel hin und her. Du bist sicher aufgeregt." Damit lernt das Kind seine Gefühle wahrzunehmen. Verbalisieren Sie einfühlsam (auf Tonlage, Gestik und Mimik achten), was Sie beobachten und hören. Vielleicht nehmen Sie sich mal die Zeit und filmen sich in Interaktion mit dem Kind und schauen sich nachher das Filmmaterial in Ruhe an.

- *Spotten Sie nicht:* Verbieten Sie sich auch so harmlos wirkende Bemerkungen wie „Was du fürchtest dich vor so einen kleinen Ding?", Wortspiele wie „Angela, der Angsthase!" oder mimische Signale wie Augenverdrehen (was die Bedeutung haben kann: „Was, schon wieder?" Ein verspottetes Kind fühlt sich verletzt und unsicher und wird sich immer weniger ausdrücken.

- *Handeln Sie das Gefühlserlebnis des Kindes nicht herunter:* Die Aussage „Das ist doch nicht so schlimm!", wenn das Kind offensichtlich genau das Gegenteil erlebt, verletzt das Kind. In seinen Augen sind Sie ihm keine moralische Unterstützung mehr, da Ihnen seine Probleme ja offenbar unwichtig sind. Schließen Sie es in die Arme, wenn es weint, statt sofort nach Lösungen zu suchen.

- *Spenden Sie Anerkennung:* Kinder brauchen auch in ihrer Gefühlswelt Anerkennung: „Du weinst, ich höre es, du scheinst dich zu ärgern." Oder: „Ich sehe dich glücklich. Du bist stolz, weil du nun schon ganz alleine den Löffel in den Mund führen kannst."

„Das hast du aber wirklich gut hingekriegt", lobt mich Mama. Da erhellt sich mein Gesicht, meine Augen strahlen, ich hüpfe vor Freude, ich lache. Mama sagt, dass mein Körper Glückshormone ausschüttet. Meine Freude ist ansteckend, sie tut allen gut.

Der gefühlvolle Tag
Ein Spieltheater rund um die Verbalisierung von Gefühlen
Ab 30 Monate

Mit dem Teddy oder der Puppe eine kleine Gefühlswelt aufbauen und zusammen mit dem Kind spielen.
Das brauchen Sie: Teddy oder Puppe (statt „Teddy" den Namen des Bären oder der Puppe sagen), Mamapuppe, Papapuppe, Glocke (oder Handyklingel), Großvaterpuppe, Spielkuchenstück
Räumliche Umgebung: die ganze Wohnung
Diese Geschichte vermittelt: Spaß an ersten interaktiven Spielen, erste Erfahrungen mit Gefühlen

5.

Erzähltext	Regieanweisungen

Erzähltext

Es ist Morgen. Teddy wacht auf.
Mit einem Satz steht er auf.
Er rennt zu seinen Eltern.

Teddy ist ungeduldig. Teddy möchte
auf den Spielplatz gehen.
Mama und Papa schlafen noch.

Teddy ist überrascht. Er ist doch
schon wach. Wieso schlafen Mama
und Papa noch?
„Lass uns schlafen. Geh in dein
Zimmer, Teddy."
„Warum?"
„Wir sind müde. Lass uns schlafen."
Teddy ist enttäuscht.

Teddy geht in sein Zimmer.
Teddy langweilt sich. Er weiß nicht,
was er tun soll. Er mag nicht mit der
Lokomotive spielen. Er mag nicht
mit dem Ball spielen. Er mag auch
nicht ein Bilderbuch anschauen.
Endlich stehen Mama und Papa auf.

Teddy ist wieder ganz aufgeregt.

Teddy isst sein Frühstück ganz
schnell. Er möchte ganz schnell
auf den Spielplatz gehen.
„Mama, ich möchte auf den
Spielplatz."
„Später, Teddy! Jetzt muss ich erst
aufräumen."
Teddy ist traurig. Er will jetzt auf
den Spielplatz. Jetzt sofort.

Regieanweisungen

Mit dem Plüschtier folgendes spielen:
Teddy liegt im Bett (im Bett des Kindes). Er
wacht auf. Springt aus dem Bett. Rennt zu
seinen Eltern (Elternschlafzimmer).
Teddy hüpft hin und her, auf das Bett und
wieder runter.
Zwei Elternpuppen liegen im großen
Elternbett.
Mimen Sie ein überraschtes Gesicht
(runder Mund, große Augen).

Die Papapuppe sprechen lassen.

Den Teddy sprechen lassen.
Die Mamapuppe sprechen lassen.
Teddy lässt den Kopf hängen.
Zeigen auch Sie ein enttäuschtes Gesicht.
Zurück ins Kinderzimmer gehen.
Langeweile mimen.
Hin und her gehen. Sachen anfassen und
einige Sekunden später wieder ablegen.

Mamapuppe und Papapuppe kommen ins
Kinderzimmer.
Teddy hüpft hin und her, rennt herum,
zeigt dass er aufgeregt ist.
Am Tisch. Esswaren auf dem Tisch:
Zeigen wie Teddy ganz schnell isst.

Teddy sprechen lassen.

Die Mamapuppe sprechen lassen.

Traurigkeit darstellen: Kopf hängen lassen,
Mundwinkel nach unten. Teddy geht ganz

Die Mama hat fertig aufgeräumt.
„So, nun können wir auf den Spielplatz."
Teddy hüpft vor Freude in die Luft.
Da klingelt das Telefon.
Die Mama telefoniert.

langsam oder setzt sich hin.
Mamapuppe kommt zu Teddy.
Mamapuppe sprechen lassen.
Teddy hüpft, zeigt seine Freude.
Glocke läuten lassen.
Mamapuppe hält das Telefon und spricht einige Worte wie z. B. „Ja, hm, O.K.".

Die Mama legt das Telefon auf.
„Es ist Großvati. Wir gehen jetzt zu ihm. Er braucht ein wenig Hilfe."
Teddy ist wütend.

Mamapuppe legt das Telefon auf.
Mamapuppe sprechen lassen.

Teddy stampft mit den Füßen. Zeigen Sie auch ein wütendes Gesicht.

Mama und Teddy gehen zu Großvater.
Mama und Teddy helfen Großvater.

In ein anderes Zimmer gehen.
Mamapuppe, Teddy und Großvaterpuppe werkeln einen Augenblick hin und her, sie räumen z. B. auf oder putzen. Zeigen Sie ein zufriedenes Gesicht.

Teddy gefällt es bei Großvater. Er ist nicht mehr wütend. Er ist auch nicht mehr traurig.
„Danke Teddy, du warst wirklich lieb."
Teddy ist stolz.

Die Mamapuppe spricht, lobt Teddy. Machen Sie ein strahlendes Gesicht. Brust raus. Aufrecht stehen.

Großvater gibt Teddy ein großes Stück Kuchen.
Teddy freut sich sehr.
Teddy und Mama gehen nach Hause.
„Schau, Teddy! Da ist der Spielplatz. Nun können wir spielen gehen."
Juhu! Teddy freut sich sehr.
Er spielt auf dem Spielplatz. Schaukelt. Geht auf die Rutsche. Spielt im Sandkasten. Er hat riesig Freude.

Großvaterpuppe reicht Teddy ein Kuchenstück.
Freude darstellen.
Ins Wohnzimmer gehen.
Mamapuppe sprechen lassen. Auf einen imaginären Spielplatz zeigen.
Teddy hüpft vor Freude, lacht.
Schaukeln, rutschen, Sandkastenspiel mimen. Freude darstellen (hüpfen, aufgeregt hin und her laufen, lachen).

Das Kind später dazu animieren seine Gefühle auszudrücken
Mit der Zeit lernen Kinder nicht nur mit Taten, Gesichtsausdruck oder Verhalten ihre Gefühle mitzuteilen, sondern auch Worte zu benutzen.

Praxisbeispiel:
Die Gefühlsmännchen (ab 36 Monaten)

Kind malt auf leeren WC-Papierrollen Arme, Beine, Zehen etc. Auf einem kreisrunden Blatt Papier ein Gesicht (fröhlich, traurig, …). Gesicht auf die Rolle kleben. Haare aus Schnur, Wolle etc. Das Männchen sprechen lassen: „Heute bin ich glücklich, weil ich basteln durfte …"

Dem Kind helfen, die richtigen Worte zu finden (Wortschatzerweiterung)

Nach dem Beobachten und dem Verbalisieren kommt der nächste Schritt. Das Kind lernt seine Gefühle alleine auszudrücken. Dazu braucht es den nötigen Wortschatz. Wie können Sie dem Kind helfen?

- Indem Sie selbst über ihre Gefühle sprechen,
- indem Sie die Gefühle des Kindes verbalisieren und ihm so dazu verhelfen, seine Gefühle zu erkennen und später auch selbst zu verbalisieren,
- indem Sie dem Kind gezielt Momente zur Verfügung stellen, wo es ganz offiziell seine Gefühle ausdrücken darf, z. B. vor dem Zubettgehen hat jedes Kind seine eigenen „Fünf Gefühlsminuten",
- indem Sie sich von den gemeinsamen Aktivitäten inspirieren lassen,
- indem Sie Gefühle und ihre Verbalisierung in den Alltag integrieren.

Praxisbeispiele:

- *Gefühlsschnitzeljagd* (ab 24 Monate): Kartonvierecke mit Gefühlsgesichtern (lachend, weinend, zornig etc.) bemalen. Im Haus oder im Garten verstecken. Suchen. Geht auch gut in der Gruppe.
- *Gefühlsketten* (ab 24 Monate): Mit Knete oder Salzteig einige Perlen (Durchmesser ca. 2 – 4 cm) formen. Mit einem Grillspießchen ein Loch mittendurch bohren. Gut trocknen lassen. Auf jede Perle ein anderes gefühlsbezogenes Gesicht malen. Auffädeln.
- *Gefühle angeln* (ab 30 Monate): Kartonvierecke mit Gefühlsgesichtern bemalen. Magnet hinten draufkleben. Angelrute basteln (Stecken, Schnur anbinden, Magnet an Schnur festbinden). Fertig zum „Gefühle angeln".

Ich bin fröhlich, ich bin traurig
Eine Spielgeschichte um die ersten Erfahrungen mit Gefühlen
Ab 12 Monate

Mit dem Teddy oder der Puppe eine kleine Gefühlswelt aufbauen und zusammen mit dem Kind spielen.

Das brauchen Sie: Teddy oder Puppe (statt „Teddy" den Namen des Bären oder der Puppe sagen)

Räumliche Umgebung: die ganze Wohnung

Diese Geschichte vermittelt: erste Erfahrungen mit Gefühlen, Spaß an ersten interaktiven Spielen

Erzähltext

Teddy steht auf. Er ist noch müde. Er gähnt.

Teddy geht spazieren. Das macht er gerne. Er ist froh.

Teddy spielt. Die Mama ruft: „Teddy komm, es gibt Mittagessen!" Teddy muss mit dem Spielen aufhören. Teddy will nicht. Er ist wütend. Teddy isst Spaghetti. Das hat er sehr gerne. Er ist glücklich.

Teddy hat seinen Lieblingsball verloren. Er ist traurig. Teddy spielt in der Badewanne. Er badet gerne. Er ist glücklich.

Regieanweisungen

Teddy liegt im Bett. Er wacht auf. So tun, als ob er sich strecken und gähnen würde. Teddy im Puppenwagen spazieren fahren. Teddy lacht und hüpft und zeigt damit, dass er froh ist. Teddy ist im Kinderzimmer. Er spielt. Die Mama ruft (rufende Stimme nachahmen).

Teddy zeigt dass er wütend ist: Er stampft und schimpft. Teddy sitzt am Tisch vor seinem Spaghetti-Teller (Namen des Lieblingsessens des Kindes sagen). So tun, als ob Teddy essen würde. Zeigen, dass er glücklich ist. Teddy lacht. Teddy spielt mit seinem Ball. Er wirft ihn weit weg. Plötzlich den Ball verschwinden lassen. Teddy zeigt, dass er traurig ist. Er weint. Teddy sitzt in der Badewanne (richtige Badewanne, ev. ohne Wasser), er spielt und planscht und zeigt, dass er glücklich ist: er lacht.

Hund, Bagger, du und ich
Eine kurze Spielgeschichte rund um Gefühle
Ab 24 Monate

In dieser kurzen Spielgeschichte spielen Gefühle und „Ich bin ich, du bist du" die Hauptrolle.

Das brauchen Sie: Plüschhund, Plüschlämmchen, Spielbagger, Teddy, Spielkuchen

Räumliche Umgebung: überall

Diese Geschichte vermittelt: Spaß an ersten interaktiven Spielen, erste Erfahrungen mit Gefühlen und Unterscheiden von „Ich und die anderen"

Erzähltext	Regieanweisungen
Der Hund liegt in der Sonne:	Plüschhund liegt auf dem Boden.
„Wuff, wuff!"	Leise bellen oder japsen.
Er ist schläfrig.	Schläfrigkeit darstellen.
Das Lämmchen hüpft hin und her:	Plüschlämmchen hüpft hin und her.
„Bää, bää!"	Blöcken.
Es ist fröhlich.	Fröhlichkeit mimen.
Der Bagger ist auf der Baustelle:	Bagger steht da.
„Brumm, brumm!"	„Brumm, brumm" machen.
Der Bagger denkt gar nichts.	
Teddy isst einen Kuchen.	Spielen, wie Teddy einen Kuchen isst.
Er liebt Kuchen.	
„Mm, das ist lecker!"	Für Teddy sprechen.
Er ist sehr zufrieden.	Ein zufriedenes Gesicht machen.
Ich erzähle dir eine Geschichte.	
Ich bin froh.	Zeigen, dass Sie gerne Geschichten
Ich erzähle dir gerne Geschichten.	erzählen, dass Sie sich freuen.
Und du?	Kind fragend anschauen und animieren
Fühlst du dich froh?	zu erzählen, wie es sich fühlt. Oder
	motivieren, wenn es noch keine Worte
	findet, seine Gefühle mit Verhalten
	zu zeigen: lachen, hüpfen, Augen
	reiben etc.

Kuschelzeit
Eine ruhige Geschichte rund um Entspannung
Ab 3 Monate

Das Kind erlernt die Selbstregulation, Entspannung und deren Rolle und erlebt eine entspannende Kuschelzeit: Eine interaktive Entspannungsgeschichte, mit deren Hilfe Bezugspersonen dem Kind auf interessante Art helfen können, sich zu entspannen und zu beruhigen.

Das brauchen Sie: Massageöl für Babys (z. B. Weizenkeimöl, Calendulaöl, Sesamöl, ...)

Räumliche Umgebung: Bett oder Matratze

Diese Geschichte vermittelt: Entspannung, Entdecken von Gefühlen

Erzähltext	Regieanweisungen
Wir gehen ganz, *ganz langsam.*	Kind in die Arme nehmen und ganz langsam gehen, dabei leise singen oder sprechen (möglichst monoton und entspannend).
	Ganz sanft, langsam, entspannt Baby ausziehen.
Nun massieren wir *dich ganz sanft.*	Kind an einem angenehm warmen Ort auf eine gemütliche Unterlage legen.
	Ein wenig Massageöl in die Hände geben.
Zuerst wärme ich das Öl.	Ein wenig reiben, damit die Hände und das Öl warm werden.
Jetzt massieren wir die *Füßchen und die Beinchen.* *Die Hände und die Arme.* *Das Gesicht, die kleine Nase* *und die Ohren. Den kleinen* *Bauch, den Rücken.*	Kind sanft massieren. Dabei weiterhin leise singen oder beruhigend sprechen. Aktivitäten kommentieren (sanfter, langsamer Ton). Massage sollte nicht allzu lange dauern und abgebrochen werden, wenn das Baby dies nicht mag. Auch Körperteile auslassen, die das Baby nicht massiert haben mag.
	Ganz sanft, langsam, entspannt Baby anziehen.
	Leise singen, summen oder beruhigend sprechen.

Weitere Entspannungsmöglichkeiten: Gegenseitige Füßchenmassage mit Crème (ab ca. 2-3 Jahren), langsame Lieder singen, erste Phantasiereisen (ab ca. 3-4 Jahren), gemeinsam sehr langsam gehen (ab ca. 2–3 Jahren), Entspannung im Wasser (sanftes Wiegen, langsam über das Wasser ziehen/gleiten).

73

„Wer bin ich? Wer sind die anderen?"

Das Sozialverhalten ist eng mit der restlichen Entwicklung des Kindes verknüpft, mit seiner kognitiven, emotionalen, sprachlichen und auf die Wahrnehmung bezogenen Entwicklung, …

Förderschwerpunkt Sozialverhalten

Das Sozialverhalten umfasst alle Verhaltensweisen und Beziehungen, die sich zwischen Menschen abspielen. Kurz, alles was in der Gruppe geschieht oder von ihr beeinflusst wird: Kontaktaufnahme, Körpersprache, Konfliktverhalten, Regelungen von Rang- und Gruppenordnung, Auseinandersetzungen, Verantwortungsbereitschaft, Kooperationsfähigkeit, bindende Verhaltensweisen, … Beeinflusst wird das Sozialverhalten beispielsweise durch unsere bisherigen Erlebnisse und Erfahrungen, durch unsere Gefühle, durch unsere Erziehung, durch Umwelt und Medien.

Schon in Mamas Bauch entspannt sich das Kleine bei einer sanften Bauchmassage oder „spricht" mit der Mama oder dem Papa, indem es auf Klopfzeichen antwortet. Nach der Geburt studiert es sogleich intensiv das Gesicht seiner Bezugspersonen und fängt bald an zu lächeln, Beziehungen zu knüpfen und den Blick abzuwenden, wenn es keinen Kontakt mehr wünscht. In den ersten Monaten bedeutet auch der Körperkontakt eine besonders intensive soziale Erfahrung: Das Baby beruhigt sich und fühlt sich geborgen.

Ich bin 5 Monate alt. Ich spiele mit meiner Mama. Immer, wenn ich einen bestimmten Ruf ausstoße, schaut mich Mama lachend an. Dieses Spiel gefällt mir. Doch nun geht Mama weg. Ich weine vor Enttäuschung.

Ab etwa 8 Monaten reagiert ein Baby auf fremde Personen durch Weinen und Gesichtabwenden. Enge Beziehungen knüpft es, in den drei ersten Jahren, lieber zu den Bezugspersonen. Doch schon ab etwa 6 Monaten zeigen sich Kinder an Gleichaltrigen interessiert.

Ich habe es gern, wenn mein Freund zu Besuch kommt. Wir spielen zusammen, das heißt wir beobachten uns, ahmen uns nach, lächeln uns zu oder spielen mit dem Spielzeug des anderen.

Dieses „Nebeneinanderspielen" mit Gleichaltrigen bleibt bis etwa ins Kindergartenalter erhalten.

Das Kind erlernt die sozialen Gewohnheiten der Familie: es lernt zu grüssen, zu danken, auf Verbote zu achten, zu teilen, zu warten, bis es an der Reihe ist, es lernt, dass sein Tun andere beeinflusst, … Bevor es anderen helfen, Mitgefühl empfinden oder auf anderer Art und Weise sozial handeln kann, muss es erstmal sich selbst als eigenständige Person entdecken und Gefühle erkennen und zuordnen können.

Ich bin 6 Monate alt und kann nun gemeinsam mit einem anderen Menschen das Augenmerk auf einen bestimmten Gegenstand richten. Mein Erfahrungen mit anderen Menschen erweitern sich von Tag zu Tag: ich kann mit meinem Papa einen Ball hin- und herrollen oder mir gemeinsam mit ihm ein Bilderbuch angucken. Das ist toll!

Ab etwa 9 Monaten winken Babys zum Abschied. Ab etwa 12 Monaten machen Kindern so ziemlich alles nach, was sie sehen. Sie lachen, wenn etwas lustig ist, haben oft einen Slapstick-Humor. Sie spielen gerne mit den Bezugspersonen (spielen Sie z. B. Gib mir und ich geb' dir, siehe weiter unten). Sobald ihre Sprachkompetenz entwickelter ist, lieben Kleinkinder es, richtig zu kommunizieren. Die soziale Interaktion geschieht nun zunehmend sprachlich. Wenn sie unterbrochen werden, versuchen sie lauter als die anderen zu sprechen und Vorrang zu haben. Nach und nach lernt das Kind die Dinge und Handlungen des Alltages zu begreifen, zu verstehen und zu sprechen, Gefühle zuzuordnen sowie seine Sinne zu verfeinern. All das in ständigem Austauschprozess mit den sozialen Interaktionspartnern. Diese Partner sind zunächst die Bezugspersonen und zunehmend auch andere Kinder. Wenn der Sozialpartner ein anderes Kind ist, muss das Kind erstmal die Aufmerksamkeit des Partners erlangen, eine Interaktion festlegen, auf das andere Kind eingehen, Missverständnisse ausräumen, auf Störfaktoren angemessen reagieren, Besitzkonflikte aushandeln. Soziale Interaktionen spielen sich in den ersten drei Lebensjahren am leichtesten in der Zweiergruppe ab. Bis etwa ins vierte Lebensjahr wird zur Kontaktaufnahme mit einem Gleichaltrigen oft ein Spielobjekt überreicht. Sehr rasch eignen sich Kinder verschiedene Strategien an, je nachdem ob sie mit einem anderen Kind oder mit einem Erwachsenen sozialen Kontakt aufnehmen.

6.

Unsere Kinder wachsen nicht als isolierte Wesen auf, sondern in einer Gemeinschaft von vielen, unterschiedlichen Menschen. Das angenehme Zusammenleben ergibt sich nicht einfach so, es muss erlernt werden. Wenn Sie das Sozialverhalten des Kindes unterstützen möchten, achten Sie auf Folgendes:

- *Feste Bindung:* Das Kind soll von festen Bezugspersonen profitieren können. Wenn Sie eine liebevolle, feste Bindung zum Kind aufbauen, dem Kind emotionale Zuwendung schenken, zuverlässig sind (Versprechen einhalten etc.), das Kind behutsam unterstützen und es in seinem Wesen akzeptieren, nicht kritisieren oder verspotten, sondern angemessen loben und hilfreich unterstützen, kann das Kind sein Selbstvertrauen stärken und mit der Zeit auf fremde Kinder und Erwachsene zugehen. Es lernt seine Angst ertragen zu können und sie sogar zu überwinden.
- *Ein gutes Vorbild sein:* Wenn Sie selbst dem Kind ein gutes Vorbild sind, kann das Kind die wichtigen Grundlagen schon per Nachahmung erlernen. Wenn Sie ein tolerantes Verhalten aufweisen, übernimmt auch das Kind in aller Regel diese Vorbildverhalten. Wenn Sie auf Fremde zugehen, sie begrüßen, Freunde einladen, mit Nachbarn Kontakt pflegen etc. erlernt auch das Kind solche zugewandten Verhaltensweisen.
- *Sozialkontakte:* Sie können das Kind unterstützen, indem Sie ihm viele verschiedene Situationen bieten: alleine, zu zweit und in bekannten und fremden Gruppen. Durch Gruppenspiele und durch Gespräche, die in der Gruppe aufkommen, wird das Kind lernen Gruppenregeln anzuerkennen, auf Kompromisse einzugehen, zu kooperieren und selbstständig zu werden. Regeln des Zusammenlebens müssen erst erlernt werden. Die Grundsteine dazu können schon zwischen 0 und 3 Jahren gelegt werden, auch wenn das Kind in diesem Zeitraum noch stark auf sich konzentriert ist und von sich aus noch nicht unbedingt Gruppenerlebnisse sucht.

Geschichten und Spielvorschläge zum Erwerb von sozialen Fähigkeiten

Schau, was ich mache
Eine Bewegungsspielgeschichte rund ums Nachahmen und Erfinden
Ab 24 Monate

Eine Bezugsperson macht etwas vor und motiviert das Kind, dies nachzuahmen. Dann wird das Spiel umgedreht: das Kind macht etwas vor und die Bezugsperson ahmt dies nach.
Räumliche Umgebung: großer Raum
Diese Geschichte vermittelt: Körperentwicklung, Spaß an ersten interaktiven Spielen, an Nachahmen und Erfinden

Erzähltext	Regieanweisungen
Ich stehe auf einem Bein, kannst du das auch?	Auf einem Bein stehen und das Kind auffordern, dies nachzuahmen. Die Aufforderung erfolgt bei jeder neuen Aktivität.
Nun hüpfe ich – einmal, zweimal, dreimal. Versuch es auch. Es macht Spaß!	Mit beiden Füssen abspringen.
Ich renne im Zickzack. Ui, das geht ganz schnell!	Nicht zu schnell im Zickzack laufen, so dass das Kind genug Zeit hat, um zu beobachten.
Ich tripple wie eine Maus. Siehst du, so auf den Zehenspitzen. Ganz leise, man hört fast nichts ...	Auf den Zehenspitzen stehen und ganz leise trippeln.
Ich fliege wie ein Vogel. Ich flattere mit meinen Armen, als ob es Flügel wären.	Laufend oder rennend mit den Armen flattern.
Ich hocke im Schneidersitz. Komm, setzt dich auch.	Im Schneidersitz Platz nehmen.
Ich schlage einen Purzelbaum. Willst du auch mal?	Auf einer Matte/Matratze einen Purzelbaum schlagen. Bei jüngeren Kindern Kopf und Nacken abstützen.
Nun bist du an der Reihe. Mach etwas vor. Ich mache es nach.	Kind auffordern, selbst Aktivitäten zu erfinden und vorzumachen.

77

Guten Tag, guten Tag, wie geht es Ihnen?
Eine Handgeschichte rund um das Sozialverhalten
Ab 9 Monate

Räumliche Umgebung: kann überall gespielt werden
Diese Geschichte vermittelt: Spaß an ersten interaktiven Spielen, Rollenspiel, Smalltalk

Erzähltext	Regieanweisungen
	Hände zu Fäusten schließen und so tun, als ob es zwei Personen wären (eventuell Handpuppen benutzen, muss aber nicht sein). Oder Kind und Bezugsperson benutzen jeder eine Hand.
Guten Tag.	Sagt die eine Hand und winkt dabei.
Guten Tag.	Antwortet die andere Hand und winkt auch.
Wie geht es ihnen?	Hand öffnen.
Danke gut, und selber?	Zweite Hand ebenfalls öffnen.
Mir geht es ebenfalls gut.	
Auf Wiedersehen, schön	
Sie getroffen zu haben.	
Auf Wiedersehen.	Händeschütteln.

Gib mir und ich gebe dir
Eine Geschichte rund um das Wechselspiel
Ab 9 Monate

Kind und Bezugsperson setzen sich gegenüber und reichen sich Dinge hin und her.
Das brauchen Sie: Ball, kleine Kiste, Tüchlein, Buch (die Gegenstände können beliebig ausgetauscht werden, einfach die Worte in der Geschichte ersetzen)
Räumliche Umgebung: überall
Diese Geschichte vermittelt: Spaß an ersten interaktiven Spielen, erste Erfahrungen mit Geben, Nehmen, Tauschen (Aushandeln, Konfliktverhalten, Kompromissbereitschaft).

Erzähltext

Schau mal, ich habe einen großen, glänzenden Ball. Da, ich geb' ihn dir.

Schau mal, ich habe eine lustige, kleine Kiste. Gibst du mir den Ball, dann gebe ich dir die Kiste.

Schau mal, ich habe ein weiches Tüchlein. Gibst du mir die Kiste, dann gebe ich dir das Tüchlein.

Schau mal, ich habe ein buntes Buch. Gibst du mir das Tüchlein, dann gebe ich dir das Buch.

Regieanweisungen

Dem Kind den Ball zeigen und zeitgleich zum Erzähltext geben. Warten, bis das Kind den Ball untersucht hat. Dann den nächsten Gegenstand nehmen.

Wie oben.

Wie oben.

Wie oben.

© Verlag Herder GmbH, Freiburg im Breisgau 2009
Alle Rechte vorbehalten
www.herder.de

Umschlaggestaltung und -konzeption:
R•M•E München/Roland Eschelbeck, Rosemarie Kreuzer
Umschlagfoto: LACH Wolber, Waldkirch
Layoutentwurf und Produktion: art und weise, Freiburg
Textillustrationen: Anja Wrede, Hagenburg

Gesamtherstellung: L.E.G.O. S.p.A., Lavis (TN)

Gedruckt auf umweltfreundlichem, chlorfrei gebleichtem Papier
Printed in Italy

ISBN 978-3-451-32162-7